Frei sein von emotionalem Schmerz

Frei sein von emotionalem Schmerz

Dr. med. Birgit Lühr
Chrisitan-Rohlfs-Str. 31
58089 Hagen

http://www. lebensinnovation.de
e-mail: Dr.Luehr@lebensinnovation.de

2. Auflage

Umschlagdesign: Olaf Tesmer, Remscheid
Layout: Astrid Behrendt, Drachenmond Verlag, Leverkusen
Fotos: Heike Wippermann, Mix-Pix-Sell, Hagen
Druck: Digital Print Group, Erlangen

LEBENSINNOVATION.DE

ISBN 978-3-00-020785-3

Dr. med Birgit Lühr

Frei sein von emotionalem Schmerz

LEBENSINNOVATION.DE

Dr. med. Birgit Lühr

studierte Medizin an der Ruhr-Universität Bochum und begann parallel dazu eine Ausbildung in traditioneller chinesischer Medizin. Ihre Doktorarbeit schrieb sie dann über Akupunkturbehandlungen bei chronischen Rückenschmerzen nach Bandscheibenoperationen. Nach ihrer Assistenzzeit in Australien, in der sie außerdem schulmedizinisch forschte und ihre Ergebnisse auf internationalen Medizinerkongressen präsentierte, legte sie ihre Facharztprüfung zur Frauenärztin in Deutschland ab und ein gutes Jahr später ihre Weiterbildungsprüfung zur Akupunktur.

Ihr großes Interesse an natürlichen Heilweisen führte sie nicht nur durch den weiten Bereich der Komplementärmedizin, sondern auch zu verschiedenen energetischen Heilmethoden. Ihr Weg begann 1991 mit Reiki, führte über Schamanismus und diverse Meditationstechniken schließlich zu Sat Nam Rasayan, der Heilmethode des Kundalini Yoga. All dies gab ihr ein tiefes Verständnis für die Wechselbeziehungen von Lebensstil, Gefühlen und Krankheiten.

Heute praktiziert Birgit Lühr Integrationsmedizin, das heißt die Verbindung von Schulmedizin, natürlichen Heilweisen, Coaching und Geistheilung, in Hagen. In der Sprechstunde hilft sie ihren Patienten die Eigenverantwortlichkeit für das eigene Leben zu erkennen, Selbstliebe und Lebensfreude zu entwickeln.

Weitere Informationen über die Autorin können Sie der Website www.lebensinnovation.de entnehmen.

Für meinen Vater,

der mich gelehrt hat,

dass letzten Endes nur die Liebe zählt

&

für meine Mutter,

die mir gezeigt hat,

dass es bedingungslose Liebe wirklich gibt.

Inhalt

Vorwort

Liebe Leserin, lieber Leser!

Dieses Buch ist die Quintessenz meines bisherigen Lebens. Schon von frühester Kindheit an war ich mir sicher, dass ich anderen Menschen helfen wollte, deswegen habe ich den ärztlichen Beruf gewählt. Direkt nach dem Abitur fing ich an, nebenher im Krankenhaus zu arbeiten, was mir viel Erfüllung geschenkt hat. Allerdings musste ich bereits zu Beginn meines Studiums feststellen, dass die Schulmedizin gewisse Limitierungen hat und meinem Eindruck nach nicht den Menschen, sondern die Krankheit in den Vordergrund stellt.

Parallel dazu bin ich Menschen begegnet, die meine Faszination für die spirituelle Welt geweckt haben. Da ich sehr neugierig bin, explorierte und exploriere ich immer noch ihre verschiedenen Facetten. Tiefen Eindruck haben auch meine frühen Reisen nach Mexiko and Zentralamerika in mir hinterlassen.

Ein weiterer wichtiger Schritt in meiner Persönlichkeitsentwicklung war mein Leben in Australien über fünf Jahre. In gewisser Weise war dies meine zweite Geburt. Meine Faszination für andere Kulturen und vor allem für ihre Heilweisen haben mich dazu veranlasst, Heiler, Schamanen und Curanderos aufzusuchen, Zeremonien und Rituale zu feiern, das Handauflegen und Geistheilung zu lernen und mich in diesem Gebiet beständig weiter fortzubilden. In der traditionellen chinesischen Medizin habe ich dann schließlich ein Modell gefunden, das die verschiedenen Aspekte meines Wissens wunderbar verknüpft.

Meine persönliche Natur ist sehr von Emotionen geprägt. Situationen und Erlebnisse haben immer starke Gefühle in mir hervorgerufen, was mich oft daran gehindert hat, mein

Leben wirklich zu genießen. Aus diesem Grunde war es mir wichtig, diese Gefühle zu verstehen und einen angemessenen Umgang mit ihnen zu finden. Tief geprägt hat mich der Tod meines Vaters, den ich während langer schwerer Krankheit begleitet habe. Diese Erfahrung hat mich die Tiefe, Kraft und Unendlichkeit der Liebe gelehrt.

Ich möchte mich an dieser Stelle bei all den Menschen bedanken, die eine Rolle in meinem Leben gespielt haben. Für die Gefühle, egal welcher Natur, die sie in mir ausgelöst haben, denn das hat mich zu der Person gemacht, die ich heute bin und dafür bin ich sehr dankbar. Ich möchte mich hier auch bei allen Menschen entschuldigen, bei denen ich auf meiner Lebensreise durch mein Verhalten Schmerzen hervorgerufen habe – ich habe immer das Beste gegeben, was mir in dem jeweiligen Moment möglich war.

Ich wünsche mir sehr, dass Du in diesem Buch die Hintergründe für Deinen eigenen Schmerz erkennst und hier auch die Wege findest, ihn zu heilen. Habe den Mut anderen Deine Liebe zu zeigen und Du wirst Liebe zurückbekommen. Wir brauchen viel Liebe, Verständnis und Vergebung auf dieser Welt. Hoffentlich hilft Dir mein Buch dabei, dies in Deinem Leben zu erfahren.
Alles erdenklich Gute auf Deiner persönlichen Entdeckungsreise! Lebe, liebe und genieße,

Dr. med. Birgit Lühr

Kapitel I

Emotionaler Schmerz

Gefühle

Gefühle sind vergänglich, sie kommen und gehen. Manchmal können sie überwältigend stark sein, uns wie Wellen mitreißen und uns dazu zwingen sie reiten zu lernen.

Alle Menschen haben Gefühle. Angenehme und solche, die sich nicht so gut anfühlen. Freude, Glück, Verliebtheit, Liebe, Aufregung, Lust, Traurigkeit, Wut, Herzschmerz, Enttäuschung, usw. Die meisten Emotionen entstehen in zwischenmenschlichen Begegnungen und darauf fokussiert sich dieses Buch.

Am liebsten möchten wir alle schönen Gefühle ewig festhalten und unangenehme nicht spüren. Leider funktioniert das so nicht. Aber es hilft zu wissen, dass auch die unangenehmen Empfindungen nur für eine begrenzte Zeit bleiben und wieder verschwinden. Du kannst diesen Prozess beschleunigen, indem du sie zulässt und fühlst. Wenn du das konsequent praktizierst, werden die angenehmen Gefühle dauerhafter bleiben und die schmerzhaften schneller gehen.

Meisterst du auf diese Weise deine Gefühle, dann wirst du konstruktive Lösungen für deine Probleme finden und Wege erkennen, dich von deinem Schmerz zu befreien. Gefühle machen uns lebendig. Auch die unangenehmen.

Allerdings haben wir oft nicht gelernt mit schmerzhaften Emotionen angemessen umzugehen und versuchen sie deswegen zu vermeiden oder zu unterdrücken. Gerade sie sind jedoch wichtig. Sie zeigen dir, wo etwas in deinem Denken, Fühlen oder Handeln noch nicht stimmt und du etwas aussprechen oder verändern solltest. Entweder bei dir selbst oder an einer Situation. Sei diesen unliebsamen Empfindungen dankbar dafür, dass sie dich darauf hinweisen.

Wenn du sie verdrängst holen sie dich früher oder später wieder ein. Meistens sind sie dann noch intensiver. Die Angst vor unangenehmen Gefühlen ist oft sehr viel größer als der eigentliche Schmerz sie zu spüren. Es gibt vier Hauptkategorien von schmerzhaften Gefühlen: Angst, Traurigkeit, Wut und Sorge.

Angst

Unter allen Gefühlen ist Angst wohl das stärkste. Es ist auch jenes, welches uns am meisten blockiert. Wir haben Angst vor Verletzung, körperlichen oder seelischen Schmerzen, Angst vor Verlust, Angst nicht geliebt zu werden und reale Panik vor lebensbedrohlichen Situationen.

Angst lässt uns unbekannte Situationen vermeiden. Auch die, die schöne Erlebnisse mit sich bringen können. Aus Angst verschweigen wir, was wir denken und fühlen oder bleiben anderen Menschen und der Liebe fern. Angst vor Veränderung hält uns in Situationen gefangen, die uns unglücklich machen. Angst vor Verlust, sprich Verletzung, gibt uns das Bedürfnis Situationen und Menschen zu kontrollieren, weil wir uns nach Sicherheiten und Garantien sehnen, die es im Leben nicht gibt. Angst zu versagen lässt uns höchstens noch träumen aber verhindert, dass wir unsere Träume leben.

Angst ist Sehnsucht kombiniert mit dem (unbewussten) Glauben schöne Erfahrungen nicht verdient zu haben. Angst und Liebe können nicht gleichzeitig existieren und doch taucht sie häufig dann auf, wenn wir lieben. Meistens in der Form von Angst vor Verlust. Liebe wird jedoch freiwillig gegeben und kann nicht erzwungen werden. Tatsächlich wird Liebe erdrückt, wenn sie nicht freigelassen wird. Wobei das Loslassen in der Liebe eine große Herausforderung ist, wenn unsere Verlustangst sehr stark ist.

Grundsätzlich gilt, je mehr wir festhalten und ‚erzwingen' wollen, desto wahrscheinlicher ist es, dass genau das geschieht, wovor wir Angst haben und was wir ursprünglich vermeiden wollten. Angst in einer Beziehung drückt sich in Form von Stress, Druck, Zwang, Kontrolle, Zurückhaltung, Manipulation und Machtkampf aus. Wer will das schon wirklich erfahren?

Wirkliche Liebe (zu uns selbst) gibt uns das Vertrauen Dinge geschehen zu lassen. Wenn wir uns der Angst überlassen, dann verfallen wir meist in eine regelrechte Panik. Die Alternative dazu ist Rückzug. Um uns vor Verletzungen oder Enttäuschungen zu schützen, drängt es uns danach die Situation zu verlassen oder irgendwie zu beeinflussen und eine Sicherheit zu finden, sie notfalls auch zu fordern. Das lässt uns Bedingungen stellen, die andere oft unter Druck setzen.

So versuchen wir die Kontrolle wiederzuerlangen.

Je intensiver die Angst, desto energischer wird der Anspruch auf Rückversicherung. Fordern wir Sicherheiten, so erwarten wir beispielsweise, dass der andere uns immer wieder sagt, wie sehr er uns liebt. Oder wir versuchen Dinge zu verbieten und schränken unseren Partner – und damit auch uns selbst – ein.

Denn es ist unmöglich etwas von dem anderen zu erwarten, was man selbst nicht zu geben bereit ist. Aus der Beschränkung folgt, dass wir und unser Partner früher oder später unglücklich werden. Denn jeder Mensch möchte sich frei entfalten. Und jeder wünscht sich, dass der Partner ihm vertraut.

So ergibt sich dann oft das, was wir am meistens fürchten, der Mensch, den wir lieben, hat genug von den Einschränkungen und verabschiedet sich von uns.

Übernimm Verantwortung für deine Angst in deiner Beziehung und ziehe deinen Partner nicht unnötig mit in deine eigenen Gefühlsprozesse hinein. Es sind deine Gefühle. Drücke deine Angst ruhig aus, aber setze andere damit nicht unter Druck. Es ist auch keine gute Idee, deinem Partner jedes Mal, wenn er etwas allein mit Freunden unternehmen möchte, zu sagen, dass du eifersüchtig bist. Versuche die Bedürfnisse deines Partners zu respektieren. Liebe akzeptiert ohne Bedingungen. Erkenne auch, dass dein Partner dir das Beste gibt, zu dem er gerade in der Lage ist. Glaube daran, dass du es wert bist geliebt zu werden. Versuche zu verstehen, was der andere mit seinem Verhalten erreichen will. Warum er ist, wie er ist. Schau in dein Herz und fühle, was wirklich gemeint ist. Nimm immer das Beste an. Hat er vielleicht auch Angst?

Es gibt noch viele andere Situationen im Leben, in denen Angst auftritt. Angst vor Veränderungen. Angst im Job. Angst vor einer Prüfung. Angst zu versagen. Aber auch hier gilt, dass die Angst dich behindert, nicht fördert. In einer Prüfung macht deine Angst dich nervös und vermittelt den Eindruck, dass du nicht weißt wovon du sprichst. Damit machst du es wahrscheinlicher durchzufallen.

Angst im Job lässt dich unsicher erscheinen und andere werden dir weniger zutrauen. Noch schlimmer ist es allerdings, wenn deine Angst verhindert, dass du dir Rat und Hilfe suchst, wenn du sie brauchst, nur weil du deine Unsicherheit vor anderen verbergen möchtest. Dadurch verhinderst du wirklich etwas dazu zu lernen und Vertrauen in deine Arbeit zu bekommen. Außerdem kannst du deine Unsicherheiten vor einem ‚erfahrenen Hasen' nicht verstecken. Fragst du nicht nach und zeigst so deinen Willen zu lernen, dann wirst du als jemand eingestuft, dem man nichts anvertrauen sollte, weil befürchtet wird, dass du notfalls auch wichtige Dinge zurechtpfuschst.

Entweder musst du einen Weg finden deine Ängste zu adressieren oder sie loslassen. Das bedeutet deine Angst zuzulassen, zu fühlen und liebevoll mit ihr umzugehen. Gib deine Gefühle, Unsicherheiten und Schwächen zu. Das macht dich sympathisch. Alle Menschen haben vor irgendetwas Angst. Wenn du versuchst ‚perfekt' zu erscheinen, dann werden andere ein Problem damit haben dir ihrerseits ihre Schwächen zu zeigen. Vertraue dir und vor allem deiner Stärke mit allem, was dir begegnet umgehen zu können. Mache die Dinge, die dir Angst bereiten. Die größte Sicherheit liegt in dir selbst und im Aufgeben von dem Wunsch allen anderen Erwartungen gerecht zu werden.

Für die Selbstreflektion

Angst entsteht meistens durch negative Gedanken über die Zukunft. Was sind deine negativen Vermutungen, die dich ängstlich werden lassen? Was für negative Schlüsse hast du aus der Situation gezogen, so dass du Angst bekommen hast? Was glaubst du, dass passiert?

Ungeduld

Wunsch plus Angst ergibt Frustration und Ungeduld. Wenn wir uns etwas sehr wünschen, dann möchten wir am liebsten, dass es sofort passiert. Haben wir dabei Angst, dass wir es nicht verdienen unsere Wünsche erfüllt zu bekommen, dann werden wir ungeduldig. Ungeduld kann die Sehnsucht nach materiellen Dingen, Erfolg, Fähigkeiten, nach einer Beziehung oder einer bestimmten Gefühlserfahrung sein. Ungeduld bringt meistens Probleme mit sich. Denn wenn wir ungeduldig sind, rennen wir oft verzweifelt hinter etwas her, weil wir unser Vertrauen verloren haben. Dadurch, dass wir uns von unserer Angst treiben lassen, führen wir eine gewünschte Situation nicht schneller herbei, sondern erreichen das Gegenteil und zögern sie noch länger hinaus. Ungeduld macht uns blind, lässt uns unsere Einfühlsamkeit vergessen und damit das Gefühl für den ‚richtigen' Handlungsmoment und eine ‚angemessene' Verhaltensweise. Einen Gefühlsumschwung kannst du unter anderem durch eine einfache Umbenennung des Gefühls erreichen. Nenn es Vorfreude statt Ungeduld. Vorfreude ist positive Spannung, Ungeduld negative.

Versuche nach dem Motto ‚was heute gut ist, wird morgen noch sehr viel besser sein' zu handeln. Um Ungeduld zu überwinden musst du ‚Vertrauen' lernen.

Mut

Mut ist, Angst vor etwas zu haben und es trotzdem zu tun. Dazu gehören Dinge wie einen unangenehmen Telefonanruf zu erledigen, eine wichtige Beziehung oder Freundschaft zu beenden, weil sie dir nicht mehr gut tut, eine Bewerbung abzuschicken, eine Reise allein anzutreten, einen Lebenstraum zu verwirklichen, allein zu sein, unangenehme Gefühle zu fühlen. Fehler zuzugeben, sich zu entschuldigen, über deine Bedürfnisse offen sprechen, unkonventionell zu sein, zu dir selbst zu stehen. Um mutig zu werden, musst du dich mit dem konfrontieren und das erledigen, was dir Angst bereitet. Die Belohnungen dafür sind Sicherheit in dir selbst und die Freiheit das zu leben, wofür du dich entscheidest.

Für die Selbstreflektion

Welche Angelegenheiten, die dir Angst bereiten oder unangenehm sind hast du vor dir her geschoben? Welche Lebensträume hast du dir noch nicht erfüllt, weil dir der Mut gefehlt hat? Hast du ein klärendes Gespräch vermieden? Hast du Gefühle oder Bedürfnisse, die du noch nicht ausgedrückt hast? Erstelle eine Liste von den Dingen, die geklärt werden müssen und erledige sie. Erlaube dir deine Träume und setze sie in die Tat um!

Traurigkeit

Traurigkeit ist ein Schmerz, der meist in der Herzgegend zu fühlen ist. Dieses Gefühl tritt oft dann auf, wenn Liebe nicht erwidert oder zurückgewiesen wird. Ob dies nun tatsächlich geschieht oder ob du das nur so wahrnimmst, macht keinen Unterschied für die Intensität deiner Gefühle. Es ist gleich schmerzhaft.

Hinter Traurigkeit verstecken sich oft Ängste. Die Angst nie wieder glücklich zu werden, nie wieder so zu fühlen, es nicht zu verdienen geliebt zu werden, etwas falsch gemacht zu haben oder allein zu bleiben. Allerdings kann sich auch Wut dahinter verbergen. Dies ist bei Frauen häufiger der Fall. Aus Angst vor den Konsequenzen trauen sich viele nicht ihren Ärger zu zeigen und brechen stattdessen in Tränen aus. Dies löst Schuldgefühle bei anderen aus und so schlägt die Wut dann doch zurück.

Unter der Traurigkeit versteckt sich meist eine Verletzung. Fühlst du dich verletzt durch das Verhalten eines anderen, dann sollte dir vor allem zweierlei klar sein: Zum ersten ist es anderen vielfach nicht bewusst, dass sie dich mit ihrem Benehmen kränken und dies ist ohne Absicht geschehen. Zum zweiten hast du möglicherweise Erwartungen, die nicht erfüllt werden und daraus schließt du, dass der andere dich nicht mag.

Für die Selbstreflektion

Um Traurigkeit zu überwinden, musst du sie erst fühlen. Weine, wenn dir danach ist. Und suche die Gefühle dahinter. Was fühlst du wirklich? Traurigkeit entsteht oft, wenn wir negative Gedanken über unsere Vergangenheit haben. Was für negative Schlüsse hast du aus Situationen gezogen, so dass sie dich traurig machen? Hast du deine Traurigkeit gezeigt?

Wut

Hinter der Wut steckt oft die Angst nicht wert geschätzt, nicht respektiert oder ungerecht behandelt zu werden. Wut kann auch Hilflosigkeit und Ohnmacht (= ohne Macht) sein. Das Gefühl sich nicht wehren zu können. Manchmal werden wir wütend, wenn wir verzweifelt versuchen jemanden auf etwas aufmerksam zu machen und nicht gehört werden. Dann müssen wir halt etwas deutlicher werden und unter Umständen auch wütend.

Wut ist eine Schutzreaktion, die versucht, uns vor Verletzungen zu schützen. Tiere reagieren meistens nur dann aggressiv, wenn sie in die Enge getrieben werden. Bei uns ist das genauso. Wir werden ärgerlich, wenn wir uns persönlich angegriffen fühlen.

Langfristig unausgedrückter Ärger führt zu Resignation. Es ist nicht schlimm wütend zu sein, solange deine Wut dich nicht zu destruktiven Handlungen veranlasst. Um deine Wut zu überkommen, musst du lernen anderen die Wahrheit darüber zu sagen, wie du dich wirklich fühlst.

Für die Selbstreflektion

Was für negative Schlüsse hast du aus der Situation gezogen, so dass du wütend wirst? Was steckt hinter der Wut? Nimm deine Wut an und teile mit, wie es dir geht. Wenn du wütend bist, dann überlege dir, ob das Gefühl aus deiner Wahrnehmung heraus entsteht, oder ob andere dir wirklich etwas Böses wollen. Manchmal ist eine solche Reflektion erst nach Beendigung der Situation möglich. Sehr häufig wirst du dabei feststellen, dass es deine Angst vor Verletzung oder deine Interpretation der Dinge waren, die dich haben wütend werden lassen.

Neid

Neid ist die Sehnsucht nach etwas, das ein anderer hat oder auch nur vermeintlich hat. Besonders wenn wir denken, dass der andere ‚es' nicht verdient hat, wir hingegen schon. Neid setzt den Glauben voraus, dass wir selbst ‚es' nicht wert sind unsere Sehnsucht erfüllt zu bekommen.

Neidgefühle sind menschlich, werden allerdings oft verurteilt. Es sind jedoch nicht die Neidgefühle, die schädlich sind, sondern die Art und Weise, wie mit ihnen umgegangen wird.

Zerstörerisch ist Neid, wenn er überspielt wird und sich in übler Nachrede äußert. Negative Bemerkungen lassen uns besser fühlen, wenn der Neid uns unsicher macht. Wir meinen, dass wir uns aufwerten, wenn wir nur etwas an dem anderem finden, was schlecht ist.

Neidische Gefühle können sich auflösen, wenn man mit der betreffenden Person offen darüber spricht. Meistens erkennt man dann, dass der Beneidete auch ein Mensch mit Problemen, Sorgen und Unsicherheiten ist.

Für die Selbstreflektion

Was für negative Schlüsse hast du aus einer Situation gezogen, dass sie dich neidisch werden lässt? Was verdienst du nicht? Ist deine Angst realistisch? Wie wäre es, wenn du die Person, auf die du neidisch bist einfach bewunderst und sie zu deinem Vorbild zu machst und von ihr lernst? Je toller die Menschen sind, mit denen du dich umgibst, desto mehr kannst du lernen und dich selbst weiter entwickeln. Neid hilft dir zu erkennen, wo du in deinem Leben stehen möchtest. Betrachte diejenigen, auf die du neidisch bist, als eine willkommene Inspiration!

Sorge

Sorgen ist mit ‚sich kümmern' verwandt. Wenn wir uns sorgen, haben wir oft das Gefühl uns um etwas besonders zu kümmern. Sorge entsteht, wenn wir Angst in die Zukunft projizieren.

Unser Verstand grübelt und lässt sich Situationen einfallen, die uns das Gefühl geben nicht unbeschwert sein zu können. Er meint, dass er Katastrophen und schmerzhafte Erlebnisse vermeiden kann, wenn er sich nur genug Sorgen macht. Das gibt uns ein Gefühl der Kontrolle. Wir sorgen uns auch gerne, wenn wir unsere Lebensfreude sabotieren möchten.

Für die Selbstreflektion

Was für negative Schlüsse hast du aus deiner Zukunftsvision gezogen, dass du dich sorgst? Was willst du wirklich erreichen? Helfen die Sorgen dir dabei? Vertraue, dass du mit dem umgehen kannst, was dir begegnet. Es gibt Dinge im Leben, die kannst du nicht kontrollieren.

Eifersucht

Eifersucht ist ein schmerzliches Gefühl in der Herz- oder Magengegend, das auftritt, wenn wir Angst haben, bei einem Vergleich zu einer anderen Person schlechter abzuschneiden. Meistens haben wir dann Angst Liebe zu verlieren oder die Befürchtung nicht die Art oder Menge an Liebe von jemandem zu bekommen, von dem wir es uns wünschen.

Das Gefühl entsteht durch den Glauben selbst nicht liebenswert zu sein und kann ganz schön überwältigen.

Eifersucht tritt beispielsweise dann auf, wenn eine gleichgeschlechtliche Person dem Partner zu nahe kommt.

Die quälenden Gedanken: Liebt mein Partner den anderen mehr? Fühlt er sich sexuell angezogen? Bin ich nicht mehr attraktiv für ihn?

Kinder können ebenfalls zum Eifersuchtsmittelpunkt einer Beziehung werden. Die Angst: den Partner zu verlieren und nicht mehr liebenswert zu sein. Eifersucht kann aber auch in Freundschaften zum Thema werden, wenn sich eine der beiden Freundinnen verliebt und eine neue Beziehung anfängt oder wenn jemand vermeintlich um die Position des besten

Freundes konkurriert. Die Angst: den besten Freund(in) zu verlieren und nicht mehr wichtig zu sein.

Es ist manchmal schwer zu unterscheiden, ob deine Angst dich eifersüchtig sein lässt oder ob deine innere Stimme dir mitteilen möchte, dass definitiv etwas faul ist (z.B. dass er fremdgeht). Wenn du dich selbst besser kennen lernst und anfängst dir und deiner inneren Stimme zu vertrauen (Selbstvertrauen) wirst du sehr schnell den Unterschied feststellen. Und bei Unklarheiten solltest du direkt nachfragen.

Um grundlose Eifersucht zu überwinden musst du Selbstvertrauen lernen.

Für die Selbstreflektion

Was für negative Schlüsse hast du aus der Situation gezogen, so dass sie dich eifersüchtig werden lässt? Was für negative Dinge denkst du über dich, so dass du eifersüchtig wirst? Sprich deine Gefühle offen aus und gebe zu, dass du Angst hast den anderen zu verlieren.

Emotionale Begleiter - dein Lieblingsschmerz

Jeder Mensch hat eine Tendenz zu einem bestimmten Gefühlszustand im Leben sowie er dazu neigt, auf negative Umstände immer wieder auf eine ähnliche Art und Weise emotional zu reagieren. Dies kann eine Tendenz zu Ängstlichkeit, Traurigkeit oder Ärger sein. Gefühlsneigungen werden durch frühe, negative Kindheitserlebnisse geprägt. Je nach Intensität der Erfahrungen und wie oft sie im Laufe des Lebens wiederholt werden, kann dieses Gefühl zu unserem häufigen emotionalen Begleiter, unserem Lebenszustand oder sogar zu unserer Identität werden.

Unser ‚Lieblingsschmerz' entsteht dann, wenn wir im Leben durch Stress oder belastende Situationen herausgefordert und unsicher werden. Ohne den vertrauten Schmerz fühlen wir uns unwohl, deswegen schaffen wir uns immer wieder Lebensumstände, die diese Emotionen fördern. Auch wenn sie uns nicht gefallen, so sind sie wenigstens vertraut.

Für die Selbstreflektion

Was ist dein häufiger emotionaler Begleiter?

- ☯ Stress, Wut, Traurigkeit, Misstrauen, Unsicherheit?
- ☯ Angst (steckt häufig hinter Stress), Schmerz, Distanz?
- ☯ Neid, Missgunst, Hass, Schuldgefühle?

- ☯ Depressionen, Traurigkeit, Sehnsucht?
- ☯ Kontrolle, Unzufriedenheit, Ohnmacht, Ungeduld (auch dahinter steckt häufig Angst)?

Das Leben sollte voller Freude sein! Wähle einen emotionalen Begleiter, der das Gegenteil ist von dem, was du bisher gekannt hast.

Zum Beispiel: Freude, Verbundenheit, Zuversicht, Begeisterung, Liebe, Inspiration, etc. Das logische Gegenteil von deinem bisherigen Begleiter funktioniert nicht immer, nimm etwas, das stärker ist, wie z. B. Unzufriedenheit – Zufriedenheit, stärker sind Glück, Ekstase, Begeisterung
Schuldgefühle – Verantwortung
Wut – Inspiration, Begeisterung

Natürlich braucht diese Gefühlsumstellung etwas Zeit und ist auch nicht allein mit dem Intellekt zu schaffen. Lerne die neuen Emotionen zu fühlen. Absolute Voraussetzung für eine Veränderung ist, dass du die unangenehmen Gefühle zulässt und durch sie hindurch gehst. Verdienst du es glücklich zu sein?

Wie reagiert der Körper auf Gefühle?

Stress, Sorgen, Ängste, Ärger und Trauer schwächen den Körper. Sowohl übermäßige als auch unterdrückte Gefühle stören unser Wohlbefinden und können Krankheiten hervorrufen. Dabei haben die einzelnen Gefühle Vorlieben für bestimmte Organsysteme. Unsere Sprache reflektiert dies hervorragend.

Uns schlägt etwas auf den Magen oder verursacht Herzschmerz. Bei Wut kommt uns die Galle hoch, haben wir Angst geht es an die Nieren, sind wir angespannt verhärten sich unsere Muskeln, wir beißen die Zähne zusammen um etwas auszuhalten und bei Sorgen zerbrechen wir uns den Kopf und bekommen Kopfschmerzen, usw.

Jeder Mensch hat nicht nur die Tendenz auf Situationen mit einem bestimmten – ihm vertrauten – Gefühl zu reagieren, sondern dieses Gefühl äußert sich gewöhnlich auch immer wieder in demselben Körperbereich mit denselben Symptomen.

Bei Angst reagiert der Körper mit Herzrasen, angespannten Muskeln, Schwitzen, einem flauen Gefühl im Magen. Vielleicht fühlst du dich gelähmt oder fängst an zu zittern. Gedanken, die du hast, können Sorgen wie Angst vor Verlust oder die Befürchtung mit Herausforderungen nicht fertig zu werden betreffen.

Traurigkeit äußert sich als Müdigkeit oder körperliche Schwere. Wird sie nicht zugelassen, kann sie sich in Atembeschwerden ausdrücken. Weinen ist ein offensichtlicher Ausdruck von Traurigkeit. Traurigkeit steigt im Brustkorb hoch und ist oft in Verbindung mit Herzschmerz zu fühlen. Dein gedanklicher Fokus ist auf die Vergangenheit gerichtet, auf das, was du verloren hast oder auf das, was in deinem Leben falsch ist.

Auf Ärger reagiert der Körper mit einer vermehrten Bereitstellung von Energie, dein Herz beschleunigt sich und deine Muskeln spannen sich an. Du hast negative Gedanken über Personen, die dich schlecht behandelt haben oder ungerechte Situationen. Vielleicht verspürst du den Wunsch jemanden zu konfrontieren oder dich von dem ‚Täter' zu distanzieren.

Im Gegensatz zu Ärger drückt sich Freude zwar auch mit einem schnelleren Herzschlag aus, allerdings sind die Muskeln dabei entspannt. Vielleicht trägst du ein Lächeln auf den Lippen. Du hast positive Gedanken und den Fokus auf das gerichtet, was du erreicht und erlebt hast oder freust dich auf zukünftiges Vergnügen.

Für die Selbstreflektion

Nimm wahr, wo du deine Emotionen im Körper versteckt hast. Wo sitzen sie? Im Bauch, im Brustkorb, in den Muskeln oder im Kopf? Wo genau? Rechts, links, oben, unten, vorne oder hinten? Beobachte deine Gedanken, was genau hast du gedacht, bevor dieses Gefühl hochkam?

Gefühlszyklen - Jahreszeiten des Lebens

‚Gefühle folgen einem Zyklus –
sie verändern sich ständig.
Vertraue, dass die schönen Momente
immer wieder kommen'

Veränderungen sind das einzig Beständige in unserem Leben. Nicht nur wir, sondern auch unsere Lebensumstände verändern sich im Laufe der Zeit. Wir erleben viele verschiedene Lebensabschnitte. Da ist unsere Kindheit, unsere Schulzeit, das Leben als junger Erwachsener in der Ausbildung, der Eintritt in das Berufsleben, das Leben als Single, mit einem neuen Partner, als Erwachsener mit der eigenen Familie, der Lebensabschnitt, wenn die Kinder aus dem Haus gehen und das Leben als Rentner. Eine neue Phase bricht oft durch einschneidende berufliche oder private Veränderungen an, wie durch eine Trennung, eine neue Beziehung, eine andere Arbeit, die Geburt der Kinder, Reisen oder Umzüge in eine fremde Stadt. Manchmal ist die Veränderung ein langsamer Prozess, manchmal erfolgt der Wechsel plötzlich und ist eher ein Schock. Jeder neue Abschnitt folgt einem Beenden von Dingen, Situationen und Loslassen von Menschen. Alle Übergänge sind von Gefühlen begleitet, die manchmal intensiv und beängstigend sein können. Vielfach trauern wir zuerst dem ‚alten Leben' oder einem Partner hinterher und erleben den Abschiedsschmerz vom Vertrauten.

Da gibt es Unsicherheiten, Befürchtungen und Angst vor dem Unbekannten. Aber auch Vorstellungen, Sehnsüchte und Träume von diesem neuen Lebensabschnitt. Da sind Neugier, Spannung und Freude über das Abenteuer, das die Veränderung bringt. Bisweilen werden unsere Erwartungen enttäuscht, denn Dinge entwickeln sich fast immer anders als gedacht. Und manchmal erleben wir unerwartete, freudige Überraschungen. Frühling, Sommer, Herbst und Winter sind die Jahreszeiten der Natur. Jede Jahreszeit hat ihren speziellen Zweck und Bedeutung. In unserem Leben existieren vergleichbare ‚Jahreszeiten', die wir immer wieder durchlaufen und die auch einen besonderen Sinn haben. Jedes neues Projekt, jeder Job und jede Beziehung ist von dem ‚Vier-Jahreszeiten-Zyklus' geprägt.

Frühling

Im Frühling erwacht das Leben nach den Wintermonaten. Das Wetter wird langsam wärmer. Pflanzen, Bäume und Sträucher erblühen zum Leben. Es grünt und wächst.

Auch die Tiere werden munter und aktiv. Es ist die Zeit der Fortpflanzung, des Erschaffens. Im Frühjahr wird gesät um später die Ernte einfahren zu können.

Eine persönliche Frühlingszeit bricht an, wenn du frisch verliebt bist, eine neue Beziehung beginnst, eine neue Arbeit, eine Ausbildung oder ein Projekt startest. Die Zeit nach einem Umzug kann genauso Frühling sein, wie die Zeit nach einer Trennung von einer wichtigen Beziehung oder die Entscheidung zu einem neuen Lebensstil.

Alles, was du neu anfängst, bedeutet Frühling. In dieser Phase legst du die Grundlagen für den neuen Lebensabschnitt, auf die du später aufbauen kannst. Manchmal bedeutet das viel Arbeit. Diese Zeit ist oft mit ‚Frühlingsgefühlen' verbunden. Vielleicht hast du das Gefühl nicht zu wissen, was du genau willst. Oder du weißt, dass sich etwas verändert hat. Vielleicht bist du freudig aufgeregt und fühlst dich wie neugeboren.

Es können aber auch Unsicherheit, Angst und Chaos herrschen.

Was will ich? Wo gehe ich hin? Was soll ich machen? Dies sind Fragen, die du dir in einer Frühlingsphase stellst. Veränderungen können Angst machen und Unsicherheit mit sich bringen. Sie geben dir aber auch die Möglichkeit dein Leben neu zu gestalten. Im Frühjahr befindest du dich in einer Zeit des Neuanfangs und persönlichen Wachstums.

Sommer

Im Sommer sind die Samen, die im Frühjahr gesät worden sind, zur vollen Blüte gelangt. Die Sonne scheint. Alles ist aktiv und zum Leben erblüht. In der Lebenssommerphase bist du vertrauter mit deinem im Frühjahr noch neuen Projekt geworden. Alle deine Neuanfänge tragen mittlerweile Früchte.

Aus der Verliebtheit einer Beziehung ist eine beständige Liebe geworden. Du bist in den neuen Job hineingewachsen und aus anfänglichen Unsicherheiten ist Selbstvertrauen geworden. Der neue Lebensstil ist nun eine Selbstverständlichkeit. Die vorherrschenden Gefühle der Sommerphase sind Liebe und (Selbst-) Vertrauen.

Herbst

Im Herbst sind die Früchte des Sommers zur Reife gelangt. Es ist die Zeit der Ernte. Die neugeborenen Tiere des Frühlings sind mittlerweile selbstständig geworden und können alleine überleben.

In der Herbstphase erntest du das, was du in der Frühlingsphase gesät hast. Deine Arbeit trägt jetzt Früchte. Wenn du effektiv gearbeitet hast, dann ist deine Ernte reich.

Die Herbstphase ist die Zeit des Reflektierens und Verstehens deiner Erfahrungen. Die Zeit, in der du Weisheiten aus deinen Erkenntnissen ziehst und sie umsetzt. Hier erkennst beispielsweise warum eine bestimmte Beziehung nicht mehr in deinem Leben ist und was genau zu diesem Ergebnis geführt hat. Aus deinen Erfahrungen ziehst du Stärke, weil du etwas gelernt hast und nun über mehr Wissen und Können verfügst.

Winter

Der Winter ist die Ruhezeit in der Natur. Alles Leben ist zum Stillstand gekommen und hat sich zurückgezogen. Der Winterschlaf dient der Ruhe und Erholung. Nach der Aktivität des Sommers kommt jetzt die Zeit der Passivität.

Du hast hart gearbeitet, die Früchte deines Schaffens geerntet und Vorräte angelegt. Jetzt du dir eine Ruhepause verdient. Winter ist auch die Zeit des Todes. Die Zeiten, in denen man etwas loslässt, das vorher Bestandteil des Lebens war.

Das kann die Beendigung einer Beziehung sein, der Abschluss der Ausbildung, der Vorsatz etwas Bestimmtes im Leben zu verändern, etwas gehen (sterben) zu lassen.

Die Winterphase dient der Reinigung. Wenn du Dinge in deinem Leben bereinigst oder loslässt, dann bist du mitten im Winter. Denk daran, dass nach jedem Winter der Frühling wiederkommt. Ein Ende ist gleichzeitig auch immer ein Anfang.

Kapitel II

Woher kommen die schlechten Gefühle?

Identität

Einschneidende Situationen, die du in deiner Kindheit – typischerweise bis zum Alter von etwa 12 Jahren – erlebt hast, prägen deinen Glauben über dich selbst und über das Leben allgemein. Die Schlussfolgerungen, die du aus diesen Erfahrungen gezogen hast, beeinflussen deine Wahrnehmung von Situationen und deine Vorstellungen von dem, was du glaubst verdient zu haben. Wiederholen sich diese meist als defizitär erlebten Umstände, vertieft sich die Prägung und wird zu deiner Identität.

Erst denkst du, dann fühlst du, dann bist du. Deine Identität ist nichts weiter als eine Ansammlung von Glaubensgrundsätzen, die du über dich selbst aufgrund von Analyse und Interpretation deiner Erfahrungen entwickelt hast. Dies beinhaltet Lebenstheorien wie ‚Ich bin nicht liebenswert', ‚Ich bin nicht gut genug', ‚Das schaffe ich nicht', ‚Keiner mag mich', ‚Männer verletzen mich immer', ‚Frauen sind gefühlskalt'.

Diese Denkmuster sind uns oft nicht bewusst, aber beeinflussen unser Leben und unsere Wahrnehmung von Situationen und Menschen - auf positive oder negative Weise.

Glaubst du beispielsweise, dass du nicht liebenswert bist, dann wirst du überall um dich herum Beweise für diesen Glauben finden und schnell dazu neigen, dich von anderen zurückgewiesen zu fühlen.

Wer bin ich und was habe ich verdient?

Glaubensgrundsätze lassen sich in folgende Kategorien unterteilen:

Ich bin…

- ☯ nicht liebenswert (Wertfrage)
- ☯ nicht gut genug (Kompetenzfrage/ Leistungsfrage)
- ☯ was Besseres (Wertfrage)
- ☯ machtlos, ohnmächtig, ausgeliefert (Machtfrage/ Kompetenzfrage)

Solche Schlussfolgerungen bilden die Basis unseres inneren Glaubens und geben uns eine Schablone, mit deren Hilfe wir neue Erfahrungen interpretieren.

Die Umstände in unserem Leben beweisen unsere Theorie über uns und das Leben. Alles das, was nicht in unsere Schablone passt, lässt uns unwohl fühlen, deswegen erschaffen wir immer wieder Situationen in unserem Leben, die bestätigen, was wir insgeheim glauben verdient zu haben.

So bestimmt das, was du von dir und dem Leben glaubst, das, was du immer wieder erfährst. Ein einmaliges Geschehen ist ein Ereignis. Wiederholt es sich, ist das Zufall. Passiert es noch mal, dann ist es ein Muster. Unsere Identität hat uns seit unserer frühesten Kindheit geholfen ‚erfolgreich' zu überleben.

Diese Art zu überleben ist allerdings auch zu unseren Ungunsten geschehen, denn sie hat uns daran gehindert unser komplettes Potential zu entfalten und erfüllt zu leben.

Für die Selbstreflektion

Was ist ein immer wiederkehrendes Problem in deinem Leben, das in allen möglichen Formen immer wieder auftaucht? Worin bestätigt dich das? Wann hat dieser Prozess angefangen? Was ist passiert? Wo ist das abgelaufen? Mit wem? Wie hast du dich dabei gefühlt? Wie hast du dich danach gefühlt? Welche Schlussfolgerungen hast du daraus gezogen?

Die Beantwortung dieser Fragen führt dich zu dem Kernglauben, der dich durch dein Leben begleitet.

Denkmuster

Ich bin nicht liebenswert

Mit diesem Glaubensgrundsatz befürchte ich, dass andere herausfinden, dass ich nicht liebenswert bin. Dies erzeugt Angst vor Nähe und Intimität. Entweder werden ernsthafte Bewerber für eine Beziehung nicht zugelassen oder schöne

Gefühle in einer Beziehung mit Streit zerstört. Ich stecke meine Bedürfnisse in einer Beziehung oft zurück, damit ich den anderen nicht überfordere und dadurch verliere.
Oft besteht ein zwanghafter Drang das Gegenteil zu beweisen, der zum Perfektionismus führt. Wenn ich schon nicht liebenswert bin, dann muss ich wenigstens perfekt sein.
Die allgemeine Erwartung einer ‚ich-bin-nicht-liebenswert-Identität' an Beziehungen ist, dass irgendwann ein Mensch kommt, der mich von meinem quälenden Kontext erlöst.

Ich bin nicht gut genug

Mit diesem Glaubensgrundsatz habe ich Angst davor, dass andere herausfinden, dass ich nicht gut genug bin. Dies führt zu einem enormen Leistungsdruck und lässt mich nicht zur Ruhe kommen. Er lässt mich unzufrieden mit meinem Status Quo sein und unter Umständen leide ich unter einem zwanghaften Drang ständig beweisen zu wollen gut genug zu sein.
Die Gefahr sind Workaholismus und Burn-Out. Die Hoffung ist, dass mich irgendwann ein herausragender Erfolg von meinem quälenden Kontext erlöst.

Ich bin was Besseres/ Ich brauche niemanden

Diese Identität ist die Umkehrung von ‚ich bin nicht gut genug' und ‚ich bin nicht liebenswert'. Mit diesem Kontext distanziere ich mich von anderen, denn Distanz gibt mir die Sicherheit nicht verletzt zu werden. Ich habe den Drang zu beweisen, dass ich alleine überleben kann und Unabhängigkeit ist mein primäres Ziel. Nähe empfinde ich als bedrohlich, denn wenn mir jemand zu nahe kommt, entdeckt er vielleicht, dass ich nicht liebenswert bin.
Als Lernerfahrung ist Unabhängigkeit und sich abzugrenzen

gut. Für eine intime Beziehung, die in die Tiefe gehen soll, muss Abhängigkeit jedoch zugelassen werden. Die Hoffnung mit diesem Kontext ist, niemals jemanden zu brauchen, damit keine Verletzung entstehen kann.

Ich bin machtlos
Der Glaube machtlos und ausgeliefert zu sein gibt mir die Entschuldigung nicht handeln zu müssen. Damit brauche ich keine Verantwortung für mein Leben zu übernehmen und kann anderen die Schuld für meine Misere geben.
So habe ich immer etwas, was ich hervorheben kann und bin letztlich nicht zum Handeln gezwungen. Durch die ‚schlechten Umstände' in meinem Leben bekomme ich jede Menge Aufmerksamkeit und Mitleid, die ich anders nicht verdiene. Dies ist ein Opferkontext.

Für die Selbstreflektion

Was konntest du bisher durch dein Gefühl der Machtlosigkeit vermeiden? Welchen Gewinn hat dir das gebracht? Was musst du nicht verändern, weil du etwas Besseres nicht verdient hast?

Ich kann niemandem vertrauen
Dieser Kontext hält dich davon ab tiefe Verbindungen mit anderen Menschen einzugehen. Das betrifft sowohl Freundschaften als auch Beziehungen. Er ist eine Entschuldigung dafür Nähe zu vermeiden. Oft versteckt sich eine ‚ich-bin-nicht-liebenswert-Identität' dahinter. Scheinbar allgemeingültige Aussagen wie ‚Männer gehen alle fremd' oder ‚Menschen sind schlecht' beeinflussen dein Leben. Die Frage, die du dir stellen solltest ist: ‚Wie weit traue ich mir selbst?'

Vertrauen in andere fängt erst dann an, wenn vorher genau abgesprochen ist, worum es geht und ein Versprechen dazu abgegeben wird. Denn zwei Menschen können unterschiedliche Gedanken zu einer Situation haben. Ein Vertrauensmissbrauch ist erst dann gegeben, wenn der andere dir erst etwas zugesichert und dann gebrochen hat.
Viele Paare haben weder genaue Absprachen was Treue betrifft noch ein Versprechen. Es wird einfach davon ausgegangen, dass Treue selbstverständlich zu einer Beziehung dazu gehört. Das ist nicht für jeden so. Welche Frage musst du jemandem stellen, um ihm zu vertrauen? Welche Zusicherung brauchst du, damit du dich öffnen kannst?

Für die Selbstreflektion

Du kannst deklarieren, wer du sein willst. Du kannst dich jeden Tag neu erschaffen indem du eine neue Identität annimmst. Das bedeutet deine Sicherheitszone zu verlassen. Verändere deine vertrauten Verhaltensweisen und experimentiere mit neuen. Welche davon geben dir die Ergebnisse, die du dir wünschst? Wenn dein bisheriges Verhalten nicht zu Erfolg geführt hat, gibt dir eine andere Reaktion wenigstens eine Chance. Du hast die freie Wahl deine Handlungen solange anzupassen, bis sie zu dem gewünschten Ergebnis führen.

Wenn du deine Verhaltensmuster veränderst, ist alles erst einmal neu und unsicher. Rechne mit unangenehmen Gefühlen. Sie sind gut, weil sie dich zum Wachsen bringen. Neue Handlungen führen zu neuen Resultaten und sind eine Lernerfahrung.

Gefühle werden erschaffen! Es braucht Zeit, bis sich Gefühle verändern. Warte nicht auf ein passendes Gefühl um etwas zu verändern – das erspart dir sehr viel Schmerz.

VERSTAND UND GEFÜHLE

Die Aufgabe unseres Verstandes ist es uns vor Schmerzen zu schützen, deswegen fällt es ihm so schwer Ungewissheit und Unvorhersehbarkeit zu akzeptieren. In der Hoffnung schmerzhafte Erfahrungen zu vermeiden versucht er, durch Analyse von Ereignissen die Regeln zu entdecken, die sie erklärbar machen und folglich Richtlinien zu entwickeln, nach denen es zu Denken, Fühlen, Reden und Handeln gilt.

Diese Richtlinien sollen uns einen Anhalt dafür geben, wie wir von jetzt an ‚das Richtige' tun können. Sie bilden das Muster, nach dem wir uns künftig verhalten oder Entscheidungen treffen und vermitteln uns so eine scheinbare Sicherheit.

Allerdings lassen uns standardisierte Regeln mit eingefahrenen Verhaltensmustern auf bestimmte Situationen und Menschen antworten. Dadurch verlieren wir unsere Flexibilität und die Fähigkeit, auf neue Umstände oder andere Menschen unvoreingenommen und spontan zu reagieren.

Aufgrund unserer Annahme, dass auch diese neue Situation und dieser andere Mensch auf unsere alte Interpretation passen und wir uns vor potentiellen Schmerzen schützen möchten, vergeben wir die Möglichkeit wirklich neue Erfahrungen zu machen.

So behindert die Interpretation der Vergangenheit unsere Zukunft. Unsere Wahrnehmung von neuen Situationen wird von vergangenen Erlebnissen und den Schlüssen, die wir daraus gezogen haben, beeinflusst.

Analyse und Interpretation

Interpretation verursacht Gefühle. Wir analysieren Geschehnisse und das Verhalten anderer Menschen auf der Basis unseres inneren Glaubens und unserer Glaubensgrundsätze. Beruhen diese auf negativen Annahmen, erleben wir emotionalen Schmerz – immer wieder.

Da negative Glaubensgrundsätze sich ursprünglich aus schmerzhaften Erlebnissen entwickelt haben und uns vor weiteren quälenden Erfahrungen schützen sollen, wird eine neue, gleichartige Situation genau diese unangenehme Emotion in uns hervorrufen. Sie dient als Warnsignal dafür, dass wir schon einmal mit ähnlichen Umständen konfrontiert wurden, die uns dann Schmerzen verursacht haben und ist eine ganz normale Schutzreaktion.

Dieses unbehagliche Gefühl wurde jedoch in Wahrheit nicht durch die neue Situation hervorgerufen, sondern ist vielmehr eine alte Erinnerung an eine schon erfahrene, vergangene Situation. Unser Intellekt (Ego, Verstand) schaltet den Notfallmechanismus ein und lässt uns die neuen Umstände auf dieselbe Art und Weise interpretieren – um uns zu schützen. Allerdings sind mit dieser Analyse auch wieder dieselben alten Gefühle verbunden, die uns dann in der gegebenen Situation emotional reagieren und handeln lassen.

Meistens verhalten wir uns genauso wie bereits die Male zuvor. Da dies bei schmerzhaften Emotionen meist destruktive Verhaltensweisen sind, folgen daraus neue schmerzhafte Situationen. So haben wir wieder einmal einen Beweis für die Richtigkeit unserer Theorie gesammelt.

Deine Lebensumstände sind Folge deiner Absicht. Deine (unbewusste) Absicht äußert sich in den Ergebnissen, die du erzielst. Wenn dein Handeln zu dem beabsichtigtem Ergebnis geführt hat, dann war es angemessen. Wenn nicht, dann bedarf es einer Korrektur deines Verhaltens, ohne dir selbst oder jemand anderem Schuld zuzuweisen oder Vorwürfe zu machen. Gerade wenn sich negative oder schmerzhafte Folgen eingestellt haben, braucht man Mut zu sagen: ‚Ja, ein Teil von mir wollte das offensichtlich so'. Nur wenn du deine Denkmuster änderst, kannst du auch andere Erfahrungen machen. Auf einem alten Standpunkt, mit einer alten Sichtweise gibt es keine neuen Erlebnisse. Wenn du den Preis dafür nicht mehr zahlen willst, bist du bereit deinen Standpunkt zu wechseln.

Niemand tut etwas umsonst, sondern immer nur mit einer Absicht für einen bestimmten Zweck. Für jede Handlung und jedes Verhalten gibt es einen Gewinn, sonst tut man es nicht! Entweder geht es darum schlechte Gefühle zu vermeiden oder gute Gefühle zu schaffen. Dabei ist die Motivation schlechte Gefühle zu vermeiden größer als die, schöne Gefühle zu erleben und Entscheidungen werden entsprechend getroffen.

Beispiel

Es folgt ein Beispiel, wie die Interpretation einer Situation deine Stimmung und dein Leben beeinflussen kann. Stell dir folgende Situation vor:

Du kommst nach Hause und deine Frau bittet dich kurz auf euer Kleinkind aufzupassen, weil sie rasch in den Supermarkt möchte. Du sagst ihr, dass sie sich beeilen soll, denn du musst in einer halben Stunde zu einer wichtigen Sitzung. Sie verspricht dir pünktlich wieder da zu sein. Die halbe Stunde vergeht und sie ist noch nicht zurück. Was machst du?

Du hast folgende Möglichkeiten:

- ☯ Dich ärgern. Du denkst: ‚Das ist mal wieder typisch, nie kann sie pünktlich sein. Überhaupt hält sie ihre Versprechen nie ein, nie nimmt sie Rücksicht auf meine beruflichen Verpflichtungen. Sicher redet sie noch über belangloses Zeug mit der Nachbarin.' Du regst dich auf, bist stinksauer und schreist sie an, als sie wenige Minuten später zur Tür herein kommt. Du gibst ihr keine Chance zu erzählen, dass sie Schwierigkeiten hatte einen Parkplatz zu finden. Wütend fährst du zu deiner Sitzung.

- ☯ Dich sorgen. Du denkst: ‚Um Gottes willen, hoffentlich ist nichts passiert. Sie ist doch sonst immer so pünktlich und zuverlässig, warum kommt sie jetzt zu spät. Was mache ich bloß, wenn sie einen Unfall hatte.' Du aktivierst einen Nachbarn, bittest ihn dir zu helfen, gibst das Kind ab und machst dich auf den Weg deine Frau zu suchen. Du verpasst sie und kommst zu spät zu deiner Sitzung.

- ☯ Traurig sein. Du denkst: ‚Hab ich's mir doch gedacht. Sie liebt mich nicht, sonst würde sie pünktlich sein. Ausnahmsweise hab ich sie mal um etwas gebeten und sie gibt es mir nicht. Das ist der Beweis.' Dann erinnerst du dich an alle Situationen, die zusätzliche Beweise für deine Theorie ‚sie liebt mich nicht' liefern. Innerhalb weniger Minuten hast du dich davon überzeugt, dass du dich trennen musst, weil eure Beziehung keine Chance mehr hat. Deine Frau kommt und mit schwerem Herzen machst du dich auf den

Weg zu deiner Sitzung.

☯ Zu vertrauen. Du denkst: ‚Sie ist noch nicht da. Sie kommt bestimmt jede Minute, es wird Gründe für ihre kleine Verspätung geben.' Du entspannst, genießt das Hier und Jetzt und spielst mit deinem Kind. Als sie wenige Minuten später kommt, umarmst du sie, verabschiedest sie liebevoll und machst dich gut gelaunt auf den Weg zu deiner Sitzung.

Anhand dieses Beispiels kannst du sehen, wohin Interpretationen von Situationen führen können und was mit dir selbst, deinen Beziehungen und deinem restlichen Leben geschehen kann aufgrund des emotionalen Zustandes, in den du dich durch die Bewertung der Gegebenheiten versetzt. Welches Szenario gefällt dir am Besten? In welchem möchtest du die Frau sein? Welches ist typisch für dich? Unter welchen Umständen hat die wichtige berufliche Sitzung die besten Chancen erfolgreich zu verlaufen?

Für die Selbstreflektion

Zu welcher Interpretationsweise tendierst du? Welches Verhalten entspricht am ehesten deiner ‚normalen' Reaktion? Wie beeinflusst deine typische Wahrnehmung von Beziehungssituationen dein restliches Leben? Wozu hast du stressige Situationen in deinem Leben? Was gibt dir das?

Welche Glaubensgrundsätze verbergen sich dahinter?

Wahrnehmungsfilter

Es gibt verschiedene Arten und Weisen Situationen zu interpretieren. Interpretationsweisen sollen das Leben einfacher machen, filtern allerdings aber auch unsere Wahrnehmung und verzerren damit die Realität. Hier sind nur einige aufgeführt.

Rationalisieren: Ich glaube nur an Fakten und zweifle alles andere an, nur meine eigenen Zweifel nicht.

Emotionalisieren: Nicht ich bin der Herr meiner Gefühle, sondern meine Gefühle beherrschen mich.

Problematisieren: Das ganze Leben besteht aus Problemen. Wenn ich das betone, brauche ich nicht zu handeln.

Dramatisieren: Das Leben ist erst dann wirklich aufregend und intensiv, wenn es dramatisch ist.

Ideologisieren: Ereignisse lassen sich mit Hilfe von Ideen und Theorien erklären. Es gibt einen richtigen und viele falsche Wege. Der richtige Weg ist wichtiger als das Ergebnis. Diese Annahme führt zum Dogmatisieren.

Psychologisieren: In der Vergangenheit erlebte Defizite und Probleme werden als Aufhänger benutzt um unangemessenes Verhalten und schmerzhafte Ergebnisse zu rechtfertigen. Die Vergangenheit hat Macht über die Zukunft. Nimmt deine Vergangenheit sehr viel von deiner Aufmerksamkeit ein? Redest du oft über die Vergangenheit? Denkst du oft daran? Zum Beispiel an deine Opfergeschichte?

Patronisieren: Männliche Rechthaberei. Das war schon immer so und bleibt auch. Väterlich anderen überlegen mitzuteilen, was richtig und falsch ist.

Matronisieren: Weibliche Rechthaberei. Das kenne ich nicht, also lehne ich es erstmal ab. Es geht um moralische Korrektheit, Anstand und darum einen guten Eindruck bei den Nachbarn zu hinterlassen.

Emotionale Erpressung

Emotionale Erpressung ist die Benutzung von starken Gefühlen, um einen anderen Menschen unter Druck zu setzen. Meistens wird dabei ein ganz konkretes Ziel verfolgt. Bei demjenigen, der auf diese Weise erpresst wird, sollen Schuldgefühle oder Angst entstehen. Die Gefühle, die von den Erpressern benutzt werden, können Vorwürfe, Bedürftigkeit, Wut, Trauer oder Angst sein. Erpresser versuchen andere für die eigenen Gefühle verantwortlich zu machen. Das Hauptziel, das erreicht werden soll, ist die Erfüllung eigener Bedürfnisse. Das umfasst das Bedürfnis nach Kontrolle, Nähe, Aufmerksamkeit, Liebe und Sicherheit, sowie das Durchsetzen des eigenen Willens. Hat jemand Schwierigkeiten seine Wünsche auf angemessene Weise auszudrücken oder den Eindruck, dass diese sonst nicht beachtet werden, werden auch Krankheiten dazu benutzt um andere unter Druck zu setzen.

Getrieben wird emotionale Erpressung von Angst. Das kann Angst vor Verlust sein oder die Befürchtung auf direktem Weg nicht das zu bekommen, was man sich wünscht. Klare Kommunikation birgt das Risiko von Ablehnung oder Zurückweisung. Außerdem haben wir als Kinder vielfach gelernt, dass es nicht richtig ist unsere Wünsche auf direktem Wege auszudrücken. Stattdessen haben wir unseren Willen mit Quengeln, Wutausbrüchen oder Weinen durchgesetzt oder gehofft, dass, wenn wir nur genügend Anspielungen machen, ein Erwachsener unseren Wunsch erkennt und ihn uns dann erfüllt. Viele von uns behalten diese Art der Kommunikation auch als Erwachsene bei. Das ist weder effektiv noch attraktiv.

In vielen Fällen ist uns nicht klar, dass wir andere mit unseren Gefühlen unter Druck setzen. Das, was wir erleben, sind überwältigende, intensive, meist schmerzhafte Gefühle, für die wir eine Linderung im Außen suchen.

Allerdings wird emotionale Erpressung durchaus auch absichtlich angewandt. Meistens in Situationen, in denen wir uns schwach und verunsichert fühlen oder denken, dass wir es nicht verdienen unsere Bedürfnisse erfüllt zu bekommen. Was uns dabei selten bewusst ist, ist, dass sich hinter unserem Bedürfnis nach Kontrolle eigene Ängste verbergen. Erkennen wir das, haben wir die Möglichkeit einen anderen Weg für die Erfüllung unserer Wünsche zu wählen.

Und zwar indem wir Verantwortung dafür übernehmen. Das bedeutet die eigene Angst zuzulassen, sie zu fühlen und unsere Bedürfnisse auf angemessene Weise ehrlich zu kommunizieren. Damit geben wir anderen nicht nur die Freiheit sich zu entfalten, sondern auch die Gelegenheit uns das zu geben, was wir uns wünschen, und zwar freiwillig!

Fast alle Situationen, in denen du dich durch Schuldgefühle oder Verlustangst unter Druck gesetzt fühlst, etwas zu machen, zu dem du nicht bereit bist, sind auf emotionale Erpressung anderer zurückzuführen.

Emotional erpresst wird von Chefs, die damit drohen schlechte Zeugnisse auszustellen oder zu entlassen, wenn der Angestellte nicht in der Reihe tanzt. Benutzt wird hier die Angst des Angestellten den Job zu verlieren, erreicht werden soll das Ziel des Chefs. Emotional erpresst wird von Frauen, die weinen, wenn der Liebste keine Zeit hat. Benutzt wird Trauer, die Schuldgefühle bei dem Mann auslöst. Erreicht werden soll Liebe und Nähe. Emotional erpresst wird von der Oma, die über ihre Krankheit jammert und immer wieder erzählt wie schlecht es ihr geht. Benutzt wird die Krankheit, die Mitleid auslöst. Erreicht werden soll Aufmerksamkeit.

Die Liste von Situationen, in denen emotionale Erpressung angewendet wird, lässt sich endlos fortsetzen.

Solltest du an dieser Stelle erkannt haben, dass auch du dich manchmal dieser Strategie bedienst, dann ist es fantastisch, dass du darauf aufmerksam geworden bist.

Versuche das nächste Mal deine Gefühle ganz direkt auszudrücken und zu sagen, was in dir vorgeht. Du wirst sehen, dass andere dann sehr viel eher bereit sind auf deinen Wunsch einzugehen, als wenn du sie unter Druck setzt. Sag ganz offen und ehrlich, was dich bewegt, wovor du Angst hast und was du dir wünschst. Gib anderen dabei die Freiheit sich zu entscheiden. Akzeptiere die Entscheidung ohne wenn und aber, ohne Diskussion oder Streit! Übernimm stattdessen Verantwortung für die Gefühle, die diese Entscheidung in dir ausgelöst hat, und beobachte sie. Sprich mit einem Freund(in) darüber und versuche, Dinge nicht so persönlich zu nehmen.

Zwei Menschen können unterschiedliche Bedürfnisse zur selben Zeit haben. Das muss respektiert werden. Ausübung von Druck ist so gut wie eine Garantie dafür, dass du nicht das bekommst, wonach du dich sehnst. Lass los und du wirst sehen, dass alles, was du dir wünschst, freiwillig zu dir kommt. Ist das nicht sehr viel mehr wert als etwas Erzwungenes? Und vor allem viel weniger anstrengend?

Bist du der Empfänger von emotionaler Erpressung, dann suche die Angst, die sich beim Sender dahinter verbirgt und gehe verständnisvoll mit ihr um. Drücke ganz klar aus, was du bei dem anderen wahrnimmst, stelle Fragen, wenn du es nicht genau weißt und schenke den Erpressern die Aufmerksamkeit und Liebe, die sie brauchen.

Das bedeutet nicht, dass du deine persönlichen Bedürfnisse dabei einschränken musst. Es heißt vielmehr, dass du liebevoll mit dem Schmerz anderer Menschen umgehst und ihnen hilfst bewusster zu werden.

Klare Aussagen sind: ‚Ich habe den Eindruck, dass du traurig bist, weil ich weniger Zeit habe für dich.', ‚Ich habe das Gefühl, dass du manchmal einsam bist.', ‚Ich habe den Eindruck, dass Sie mich unter Druck setzen wollen.' Es kann passieren, dass der Erpresser mit so viel Ehrlichkeit nicht umgehen kann und eine solche Absicht bestreitet.

Direkte Fragen sind: ‚Weinst du, weil du dir mehr Zeit mir wünschst?', ‚Erzählst du mir soviel von deiner Krankheit, damit ich Dich öfter besuche?', ‚Haben Sie die Befürchtung den wichtigen Auftrag zu verlieren und möchten deswegen, dass ich xy mache?"

Alle diese Bemerkungen sind kurz, ohne Ausschweifungen oder Erklärungen und vor allem ohne Werturteil, deswegen bieten sie eine hervorragende Ausgangsbasis für eine weiterführende Kommunikation. Sie erlauben deinem Gegenüber sich zu öffnen und zu erzählen, was wirklich los ist oder das Missverständnis auszuräumen und damit deine Schuldgefühle zu klären.

Du kannst auch fragen, was der andere braucht, damit die Befürchtung sich auflösen kann. Allerdings müssen dem Erpresser die Zusammenhänge erst bewusst sein, damit er sich dazu klar äußern kann. In vielen Fällen reicht es aus, die aufgeregte Freundin in den Arm zu nehmen und ihr zu versichern, dass du sie immer noch liebst, auch wenn du gerade keine Zeit hast. Oder deiner Oma mehr Zeit und Aufmerksamkeit in der Form von Telefonanrufen oder Besuchen zu schenken.

Manchmal musst du auch sehr strikte Grenzen setzen, zum Beispiel wenn dein Gegenüber deine Entscheidungen nicht akzeptiert.

Für die Selbstreflektion

Wozu führen deine Ängste? Was manifestieren sie? Bringen sie die Resultate, die du dir wünschst? Lassen sie dich das erfahren, wonach du dich sehnst? Was passiert, wenn du emotionalen Druck auf andere ausübst? Bringt dich dein Verhalten näher mit anderen zusammen?

Kapitel III

Strategien zum Schlechtfühlen

Die Limitierung unseres Glücks

Lebensfreude entsteht, wenn wir uns rundum wohl fühlen. Dazu gehören körperliche Vitalität, emotionales und mentales Wohlbefinden. Allerdings gelingt es den wenigsten Menschen über einen längeren Zeitraum glücklich zu sein.

Woran liegt das?

Wenn wir als Kinder gelernt haben, dass Schmerz und Enttäuschung ein Teil unseres Lebens sind, dann brauchen wir genau diese Emotionen in unserem Leben, um uns sicher zu fühlen. Sie vermitteln uns ein Gefühl der Vertrautheit.

Geht es uns zu gut, dann fühlen wir uns unwohl. Um unseren vertrauten Status Quo wieder herzustellen limitieren wir unser Wohlbefinden durch bestimmte Verhaltensweisen.

Wir beeinträchtigen unsere körperliche Vitalität durch flache Atmung, übermäßiges und falsches Essen, mangelnde Bewegung und Süchte (Fernsehen, Alkohol, Zigaretten, Drogen, usw.) oder blockieren unsere Lebensfreude durch schmerzhafte Gedanken und Situationen, die uns davon abhalten glücklich zu sein.

So sabotieren wir beispielsweise Beziehungen mit Hilfe von Streit, Lügen oder gebrochenen Vereinbarungen. Das alles, um die schönen Gefühle zu zerstören, die Nähe erzeugt.

Wir treffen keine klaren Entscheidungen zu kraftraubenden Situationen wie eine unbefriedigende Arbeit oder eine destruktive Beziehung, sprechen Gefühle nicht aus, vermeiden die Lösung von Konflikten oder unterhalten Kontakte zu Menschen, die uns nicht gut tun.

Auf diese Weisen können wir uns im Drama unserer Sorgen verstricken und schlechte Gefühle erzeugen. Diese Emotionen führen dann dazu, dass wir uns in einer gegebenen Situation wieder wohl fühlen – auch wenn sie uns nicht gefällt. Unsere Denkmuster lassen Glück nicht zu. Zu viel Lebensfreude macht uns Angst, weil wir glauben das nicht verdient zu haben.

Was kannst du tun, um das zu verändern? Du hast die freie Wahl zwischen zwei Seinszuständen im Leben: Leid, Mangel und Misstrauen oder Liebe, Fülle und Vertrauen. Du hast ein Anrecht auf Glück und du hast auch ein Anrecht auf Leid. Je nachdem, was du glaubst im Leben verdient zu haben, wählst Du Glück oder Unglück.

Bist du bereit deine Lebenstheorie zu verändern und neue Erfahrungen in deinem Leben zu machen, dann kannst du eine neue Entscheidung über deinen Seinszustand treffen.

Das erfordert eine Veränderung deiner Denkmuster. Nur das wird deine Wahrnehmung von Situationen und Menschen verändern. Liebe und Vertrauen kannst du nur dann erfahren, wenn du deine Urteile über andere fallen lässt und sie stattdessen voll und ganz akzeptierst.

Das wird dir am Besten dann gelingen, wenn du bereit bist dich selbst so anzunehmen wie du bist sowie dir für deine eigenen Macken, Schwächen und ‚falschen Entscheidungen' zu vergeben. Das heißt aufzuhören dich zu verurteilen und stattdessen liebevoll zu dir selbst zu sein. Glück und inneren Frieden kannst du nur erleben, wenn du alle Situationen in deinem Leben voll und ganz annimmst, statt sie abzulehnen, gegen sie zu kämpfen oder sie verändern zu wollen.

Dein Widerstand gegen das, was ist, erzeugt emotionalen Schmerz. Erfüllung ist eine Folge des Zulassens und Wählens ‚was ist', statt dem hinterher zu rennen, was deiner Meinung nach sein soll.

Sabotage durch den Lebensstil

Viele von uns haben Schwierigkeiten eine angemessene Balance zwischen Berufsleben, Freizeit und Entspannung zu finden. Druck von außen sowie Ansprüche, die wir an uns selbst stellen, führen zu Stress und innerer Anspannung. Körper, Geist und Seele wollen allerdings nicht nur gefordert, sondern auch genährt werden.

So wie ein Auto nicht ohne Benzin fährt, brauchen Körper und Seele Nahrung in Form von Erholungszeit. In dieser Zeit wird die notwendige Kraft ‚getankt', um den Alltag zu bestreiten. Wird allerdings zu wenig Zeit für Erholung, Entspannung und Spaß verwendet, dann kommt es zu Müdigkeit, Gereiztheit, Depressionen, körperlichen Beschwerden und Burn-Out.

In einem solchen Zustand fällt dann schließlich auch die Motivation für die berufliche Leistung ab. Eine ausgewogene Balance zwischen Einsatz im Beruf und Erholung in der Freizeit ist Vorraussetzung für ein erfülltes, erfolgreiches Leben. Du kannst dir sicher sein, dass du mit Vitalität und Freude mehr Erfolg hast als unter Druck und Stress. Du kannst alles in deinem Leben haben, was dir wichtig ist. Erfolg, Entspannung und Spaß schließen sich nicht aus, sondern ergänzen sich sinnvoll.

Vielfach hat ein gesundheitsschädigender Lebensstil einen Sinn und Zweck. Er verhindert, dass wir uns wohl fühlen und glücklich sind. Hektik und Stress sind oft eine Vermeidungsstrategie, um vor Gefühlen wegzurennen. Auf diese Art und Weise vermeiden wir es in die Tiefe zu gehen.

Ein voller Zeitplan lässt keinen Raum für Entspannung oder Leerlauf, die unangenehme Gedanken und Gefühle mit sich bringen können. Ein Zeitmangel als Ausrede nicht für sich sorgen zu können, ist ein Zeichen für mangelnde Selbstliebe.

Vielleicht möchtest du nicht für dich sorgen oder achtsam mit dir umgehen. Zu sehr drängt das Bedürfnis etwas erreichen zu wollen, was die ersehnte Bestätigung und Anerkennung bringt.

Körperlich sabotierst du dich durch Bewegungsmangel, flache Atmung oder eine schlechte Körperhaltung, die letztendlich zu Muskelverspannungen und damit Schmerzen führt.

Das und zu wenig Entspannung, Ruhephasen und Schlaf führen zu Erschöpfung. Auch wenn du in diesem Zustand gute Erfahrungen machst, kannst du sie nicht voll und ganz genießen, weil dein Körper keine Kraft mehr hat.

Auch die Qualität und Quantität deiner Ernährung trägt ganz wesentlich zu deinem körperlichen Wohlbefinden bei und beeinflusst deine Abwehrkräfte. Meistens mangelt es unserer Ernährung an Qualität und wir übertreiben mit der Quantität. Allein schon das Wort ‚Genuss'-mittel symbolisiert unsere Einstellung zu Dingen wie Schokolade, Zigaretten, Alkohol oder Drogen. Es assoziiert eine angenehme Tätigkeit und Erfahrung mit Hilfe gesundheitsschädlicher Mittel. Frei nach dem Motto ‚das gönn ich mir jetzt' werden gesundheitsschädigende Verhaltensweisen gerechtfertigt.

Bringen diese Dinge wirklich Genuss und Entspannung in dein Leben?

Weil wir selten Strategien zum Abbau von Stress in unserem Leben gelernt haben und uns am Ende eines vollen Alltages der Kopf brummt, bedienen wir uns abends oft des Fernsehers zum ‚Abschalten'. Wir sitzen in schlechter Körperhaltung vor der Kiste, atmen flach und stopfen oft zusätzlich Knabbereien wie Chips oder Schokolade in uns hinein. Dazu trinken wir einen oder mehrere ‚Absacker' mit dem Ziel uns ein besseres Gefühl zu verschaffen. Diese Entspannung gönnen wir uns. Wir wollen einfach nicht mehr denken, unangenehme Erlebnisse vergessen und Gefühle nicht fühlen.

Der Fernseher hilft uns dabei das lästige Hintergrundgeräusch unseres allzeit beschäftigten Intellektes etwas weniger deutlich werden zu lassen. Dass wir dadurch sowohl unsere Lebendigkeit als auch unsere körperliche Vitalität einbüßen und unsere Beziehungen dabei an Qualität verlieren, ist nicht weiter verwunderlich. Denn das, was wir uns selbst nicht geben, können wir für andere auch nicht leisten.

So entsteht ein Alltagstrott, in dem kein Raum mehr für aufregende oder überraschende Erfahrungen ist. Das Resultat ist ein so spannendes Gefühl, dass als Antwort auf die Frage ‚Wie geht es dir?' einfach nur ‚Es muss, es muss' folgen kann.

Für die Selbstreflektion

In welchem Zustand befindest du dich? Wie trägst du aufgrund deiner Verhaltensweisen zu deiner inneren Verfassung bei? Unterstützt dein Lebensstil freudige Erfahrungen und Lebendigkeit? Oder fördert er Phlegma und nährt deinen inneren Schweinehund? Zu welchem Zweck hast du Stress in deinem Leben? Was willst du dir beweisen? Was verdienst du anders nicht? Hast du einen Lebensstil, der dich unterstützt oder mit dem du dich sabotierst? Welche von deinen Verhaltensweisen klaut dir die Lebensenergie? Mit welcher Absicht tust du das? Wovon hält dich das ab? Welche Kleinigkeiten kannst du an deinem Lebensstil verändern, so dass du deine innere Verfassung stärkst? Wie viel Zeit bist du bereit dir für körperliche Bewegung und Sport zu nehmen? Entwickele einen Plan, der für jede Woche eine kleine Veränderung in Richtung Gesundheit beinhaltet. Dies können Dinge sein wie zweimal in der Woche spazieren zu gehen, 15 Minuten täglich für Entspannung sorgen, einmal in der Woche die Sauna besuchen, morgens kalt duschen, Kaffee durch Kräutertee ersetzen, usw. Lass dich von einem Arzt oder Heilpraktiker zu diesem Thema beraten.

Sabotage durch unsere Gedankenkraft

Eine gute Stimmung wird vereitelt, wenn wir über schmerzhafte Erlebnisse nachdenken oder an unangenehmen Gefühlen festhalten. Sabotage geschieht auch dadurch, dass wir negative Situationen unterhalten, indem wir Klärung und Auflösung durch Kommunikationsmangel vermeiden, Klärungsbedarf ignorieren, negativen Stress ‚aushalten' und Kontakt zu negativen Menschen pflegen. Negative Menschen sind Leute, die viel über das, was schlecht ist im Leben oder an uns reden und uns auf diese Weise Kraft rauben. Im Idealfall behandeln wir einen Menschen, der uns kritisiert wie jemanden, der uns auf einen verborgenen Schatz hinweist, damit wir lernen und uns weiter entfalten handeln können.

Allerdings brauchen wir auch Maßnahmen für Momente, in denen wir etwas menschlicher sind und auf diese kleinen Provokationen reagieren. Je ausgeglichener und stabiler wir uns in uns selbst fühlen, desto weniger angreifbar sind wir für äußere Einflüsse. Sind wir bewusst in solchen Situationen, gibt uns das die Möglichkeit klar und direkt zu handeln.

Beispielsweise kannst du auf Sticheleien und Kritik einfach mit einer Gegenfrage antworten: ‚Ich habe den Eindruck, dass du mich kritisieren möchtest. Verursacht mein Verhalten dir ein unangenehmes Gefühl?'

Menschen sind es nicht gewohnt so klar und direkt auf ihr Verhalten angesprochen zu werden, bereite dich auf überraschende Reaktionen vor. Alles ist möglich, angefangen von einer Entschuldigung, über peinlich berührt sein bis hin zu einer Öffnung über das, was wirklich passiert.

Für die Selbstreflektion

Beobachte dich selbst. Worüber denkst du nach? Über schöne Erlebnisse oder über das, was nicht stimmt in deinem Leben? Worüber redest du? Wie viele positive Dinge äußerst du? Wie viele negative? Redest du vermehrt über die Dinge, die schlecht sind und nicht stimmen? Oder vermehrt über die, die gut sind?

Wie kann ich mir am meisten Schmerz zufügen?

Wenn du negative Lebenstheorien hast, dann führt die Interpretation einer Situation oft zu schmerzhaften Gefühlen. Meistens handelt es sich dabei um Angst vor Verletzung und Verlust oder Wut durch den Eindruck nicht wert geschätzt und respektiert zu werden. Hast du in anderen Lebenssituationen ähnliche Gefühle unterdrückt oder nicht verarbeitet und aufgelöst, dann vereinen sich die neuen mit den alten Emotionen und geben dir eine noch stärkere Erfahrung bis hin zu körperlichen Beschwerden. Weil du so intensive Empfindungen hast, glaubst du auch, dass das, was du denkst wahr sein muss.

Die Emotionen veranlassen dich dazu alle Situationen Revue passieren zu lassen, in denen du dich schon einmal so gefühlt hast. Auf diese Weise sammelst du Argumente dafür, dass dein Eindruck ‚richtig' sein muss. Diese ‚Beweise' lösen noch intensivere schmerzhafte Empfindungen in dir aus bis hin zu starken körperlichen Beschwerden. Das kann eine regelrechte Panik verursachen.

Zusätzlich veranlassen dich die scheinbar wahrheitsgetreuen Schlüsse, die du gezogen hast, zu vorwiegend destruktiven Handlungen, weil du dich vor Verletzungen schützen möchtest.

Im Panikmodus, voller intensiver schmerzhafter Gefühle kannst du jedoch keine klaren Entscheidungen treffen, sondern versuchst einfach nur dich selbst zu retten. Den wenigsten Menschen gelingt es in emotional geladenen Situationen liebevoll zu reagieren und entsprechend ist die Resonanz. Das führt zu einem Schmerz-Teufelskreislauf und verursacht meistens genau das, was du am allermeisten befürchtest.

Offensichtlich sind Schmerzen unangenehme Empfindungen, die wir nach Möglichkeit nicht fühlen möchten. Deswegen versuchen wir zunächst, diese Sorte von Gefühlen zu unterdrücken. Dadurch verschwinden sie aber nicht, sondern verstärken sich.

Gefühle lassen sich nur durch bewusstes Fühlen und Zulassen verändern. Wenn sie nicht gefühlt werden, tragen wir sie als Ballast mit uns herum. So werden wir noch sensibler für scheinbar ähnliche Gegebenheiten und reagieren schneller und sehr emotional auf Kleinigkeiten.

Der Intellekt wird dann energischer und schaltet in den Dauer-Überlebensmodus um uns zu schützen. Werden wir mit einer neuen Situation konfrontiert, die unser Denkmuster heraufbeschwört, dann liefert unser Verstand Belege dafür, dass das, was wir am meisten fürchten, unmittelbar bevorsteht. Das wiederum intensiviert unsere schmerzhaften Empfindungen.

Auf diese Weise entsteht eine Schmerzspirale, die wir nach Belieben steigern können.

Je mehr du im Drama deiner Gefühle steckst, desto stärker ist dein Erleben, desto stressiger deine Erfahrung und desto katastrophaler das Ergebnis. Für dich selbst, weil du durch intensive, quälende Emotionen gehst. Für andere, wenn du sie mit in dein Drama einbeziehst und Verletzungen austeilst.

Drama hilft dir beispielsweise Abstand von deinem Partner zu bekommen und schöne Gefühle zu zerstören, die du nicht verdienst.

Eventuell trennst du dich sogar von ihm, obwohl du das ursprünglich gar nicht wolltest - deine emotionale Panik lässt dir jedoch keine Chance anders als vorprogrammiert zu reagieren. Dafür ist dein Leben dementsprechend richtig schön intensiv und spannend. Drama kann dich auch davon abhalten, erfolgreich deinen beruflichen Weg weiter zu verfolgen und dir so eine gute Entschuldigung dafür liefern, nicht erfolgreich zu sein.

Drama gibt dir Aufmerksamkeit, die du anders vielleicht nicht verdienst. Mit Drama kannst du andere unter Druck setzen. Emotionale Erpressung verleiht dir Macht, die du vielleicht anders nicht zu haben glaubst. Und natürlich verhindert Drama das Leben einfach nur zu genießen und glücklich zu sein.

Für die Selbstreflektion

Wozu hast du Drama und Schmerz in deinem Leben? Was gibt dir das? In welchem Glauben bestärkt dich das? Wovon hält dich dein Drama ab? Mit welcher Absicht? Was willst du vermeiden?

Wie kann ich mir und anderen Schmerz bereiten?

Weit verbreitet ist der Irrglaube, dass Probleme von anderen (Partner, Kollegen, Chef, etc.) verursacht werden und dass die Lösung darin besteht, die betreffende Person auszutauschen.

Das funktioniert leider nicht, denn aufgrund unserer Denkmuster schaffen wir uns immer wieder ähnliche Lebenssituationen, die das bestätigen, was wir über uns selbst glauben. So können wir die Personen auf unserer Lebensbühne beliebig oft auswechseln, bekommen aber immer wieder ähnliche Ergebnisse. Probleme lassen sich nur lösen, wenn wir uns selbst verändern. Es ist eine Illusion zu glauben, es gehe auch anders.

Für den Veränderungsprozess ist es sehr wichtig zu realisieren, dass wir selbst für unsere Gefühle verantwortlich sind. Tendenziell geben wir anderen gerne die Schuld für unsere Emotionen. Wir denken, dass sie uns traurig machen, verletzen oder wütend werden lassen. Es sind jedoch nicht die anderen Menschen, die unangenehme Gefühle in uns verursachen, sondern unsere eigene Interpretation der Situation. Denn Emotionen entstehen durch die Art und Weise, wie wir eine Gegebenheit wahrnehmen.

Das, was wir über eine Situation denken, bestimmt, wie wir uns dazu fühlen. Wenn wir negative Gedanken zu einer Situation haben, sind auch unsere Gefühle zu dieser Situation unangenehm. Dabei führt die Differenz zwischen innerer Realität, d.h. das, was wir wahrnehmen, und äußerer Realität, d.h. das, was andere eigentlich gemeint haben, zu Missverständnissen und Konflikten.

Unsere Wahrnehmung von Situationen wird durch das beeinflusst, was wir über uns, das Leben und andere Menschen glauben.

Diese Lebenstheorien lassen uns nur das wahrnehmen, was wir zu unserer inneren Wahrheit gemacht haben. Damit ist unsere Sichtweise natürlich beschränkt. Führt die Interpretation einer Beziehungssituation zu schmerzhaften Gefühlen, tendieren wir dazu den anderen für unser Unbehagen verantwortlich zu machen und ihn mit Vorwürfen, Schuldzuweisungen oder Forderungen zu überhäufen.

Dieses Verhalten führt meistens dazu, dass unser Gegenüber sich angegriffen oder zurückgewiesen fühlt, woraufhin sein negatives Denkmuster aktiviert wird und aufgrund seiner entsprechenden Glaubensgrundsätze dann natürlich auch auf seiner Seite unangenehme Gefühle entstehen. Je nach Intensität der Gefühle wird dann reagiert. Meistens ebenfalls mit Wut, Vorwürfen, Traurigkeit oder Schuldzuweisungen.

Auf diese Weise triggern die Partner ihren emotionalen Schmerz gegenseitig durch Reaktion und Gegenreaktion. Die negativen Attacken führen leicht zu einem emotionalen Ping-Pong-Spiel zwischen den beiden Parteien. Dies intensiviert letztendlich die schmerzhaften Empfindungen für jeden einzelnen.

Es entsteht eine Schmerzspirale, die sich immer weiter nach oben schaukelt. So, dass emotionale Verletzungen immer stärker werden. Bis beide Parteien ihr Muster von der Liebe bedient und ihr vertrautes Niveau von Schmerz und Unbehagen in der Beziehung erreicht haben.

Beispielsweise mag eine Frau sich durch einen unansprechbaren männlichen Partner, der fast ausschließlich in seinem Kopf lebt, verletzt fühlen. Sie ist durch seine Unfähigkeit ihr

Aufmerksamkeit zu geben verunsichert. Das Fehlen von Liebe wird normalerweise von Frauen intensiver gefühlt als von Männern und löst unangenehme Empfindungen bei der Frau aus. Deswegen wird sie ihn attackieren, beschuldigen und kritisieren. Das wiederum wird nun die Herausforderung des Mannes. Um sich gegen diese als ungerechtfertigt angesehenen Anschuldigungen zu verteidigen, wird er noch tiefer in seinen Verstand eintauchen, weil er sich nun verteidigt, rechtfertigt oder seinerseits attackiert. Dadurch entsteht eine Spirale des wahnsinnigen Ausagierens von alten Schmerzmustern.

Wenn wir in Situationen nicht die Verantwortung für unsere eigenen Emotionen und Wahrnehmungen übernehmen, dann werden Auseinandersetzungen mit anderen Menschen schnell sehr komplex und anstrengend. In leichten Fällen kann ein klärendes Gespräch die Missverständnisse auflösen, sobald sich beide Parteien beruhigt haben und ohne Emotionen über die Angelegenheit sprechen können. Gelingt es den Beteiligten nicht die unangenehmen Gefühle zu klären, hat dies eine Trennung zur Folge. Meistens jedoch nicht in der Realisation, dass wirkliche Liebe nicht weh tut, sondern in der Hoffnung mit einem anderen Partner die ersehnte Erfüllung zu erfahren.

Eine Klärung von Gefühlen muss nicht unbedingt in der Beziehung stattfinden, sondern das kann auch jeder für sich allein, mit oder ohne therapeutische Hilfe erreichen.

Für die Selbstreflektion

Was ist dein Weg? Engagierst du dich in einer Schmerzspirale in deiner Beziehung? Es ist deine Entscheidung. In jeder Situation. Natürlich gibt es hin und wieder auch Rückfälle in das alte Verhaltensmuster. Dafür ist es einfach nur zu menschlich Gefühle zu haben, Angst oder Zweifel zu empfinden.

Angst möchte dich schützen, trägt aber genau dazu bei, das in deinem Leben zu manifestieren, was du am allermeisten befürchtest. Zweifel halten dich zurück. Meist davor, genau das zu erleben, was du dir am meisten wünschst. Dir bleibt eigentlich nur das vollständige Vertrauen – Vertrauen in dich selbst, dass du mit allem, was du erlebst auch umgehen kannst. Das du, egal was passiert, liebenswert und gut genug bist.

Wie passt dein negatives Denkmuster zu dem deines Partners? Was sind eure schwachen Stellen? Auf welche Weise reagierst du auf die Schwachstellen deines Partners? Wie reagiert er auf deine?

Versuche deine Beziehung als eine wunderbare Gelegenheit anzusehen dir deiner alten Schmerzmuster bewusst zu werden. Sieh deinen Partner als liebevollen Lehrer, der dich bei diesem Prozess unterstützt, aber auch herausfordert, um dich auf neue Ebenen zu bringen - damit du dein ganzes Potential entfalten kannst. Dann kannst du Heilung in einer Beziehung erleben. Werde bewusst, lass die Gefühle zu und transformiere sie so.

Schatten und Dämone unserer Persönlichkeit

‚Nimm dich an wie du bist,
liebe deine Fehler und Schwächen.
Akzeptiere, dass du nie perfekt sein wirst.
Wenn du nichts bereust, hast du nicht gelebt!'

Jeder hat Schattenseiten und innere Dämone - Aspekte der Persönlichkeit, die auf Angst, Mangel, Unsicherheit, Wut oder Widerstand beruhen. Schatten sind Gefühle, die wir oft selbst nicht an uns leiden können. Dämone sind Verhaltensweisen, die augenscheinlich gar nicht unserem Selbst entspringen. Das können Dinge sein, die wir in der Vergangenheit getan haben, für die wir uns heute schämen und Schuldgefühle haben. Handlungsweisen, die wir als Fehler bezeichnen, weil sie zu Resultaten geführt haben, die schmerzhaft für uns selbst oder andere waren. Das sind Momente, in denen wir das Gefühl haben nicht das allerbeste von uns geben. Diejenigen Augenblicke, in denen unser innerer Dämon die Führung übernimmt und uns kurz angebunden, kontrollsüchtig, unverschämt oder ungerecht handeln lässt. Meistens passiert dies in Zeiten, in denen wir uns nicht gut fühlen.

Am liebsten möchten wir unsere Schattenseiten vor anderen verstecken. Deswegen werden diese Persönlichkeitsaspekte oft an die Seite geschoben oder verdrängt in der Hoffnung, dass sie von alleine verschwinden. Alternativ dazu versuchen viele diese ungewollten Aspekte durch verschiedene emotionale oder intellektuelle Techniken krampfhaft auszumerzen. Die Sehnsucht nach so genannter Perfektion beruht auf dem Glauben Liebe erst dann verdient zu haben, wenn Vollkommenheit erreicht und alle ‚Fehler' beseitigt wurden. Allerdings kostet es sehr viel Kraft und Energie die ungewollten Persönlichkeitsfacetten zu vermeiden. Der Perfektionswunsch hält uns in Selbsthass und damit einem konstanten Kampf gegen uns selbst gefangen. Früher oder später tauchen die unerwünschten Aspekte sowieso wieder auf und konfrontieren uns, bis wir erkennen, dass sie nur dann verschwinden, wenn wir sie lieben.

Im Grunde seines Herzens möchte jeder Mensch geliebt werden, Anerkennung bekommen und glücklich sein. Auch du. Am Besten fängst du damit an dich selbst zu lieben und dir Anerkennung zu geben, damit du glücklich sein kannst. Der einfachste Weg zur Selbstliebe ist dir für die Dinge, die du in deiner Vergangenheit getan hast, zu verzeihen und deine Schatten und Dämone lieben zu lernen.

Wenn es etwas in deiner Vergangenheit gibt, dass du dir einfach nicht vergeben kannst, dann überlege, wie du reagieren würdest, wenn ein Freund dir diese Geschichte erzählt, so wie du sie selbst erlebt hast. Würdest du ihn hart verurteilen? Oder würdest du Verständnis für ihn haben und ihm versichern, dass er das Bestmögliche in der Situation getan hat?

Wenn du andere verurteilst, dann schaffst du Distanz zwischen ihnen und dir. Wenn du dich selbst verurteilst, dann fängst du an dich zu verachten und wirst unglücklich. Versuche stattdessen einfach dein eigener bester Freund zu sein und dir den gleichen guten Ratschlag zu geben, den du ihm geben würdest. Wir sind alle Menschen, mit Fehlern, Schwächen und Gefühlen. Wir alle haben unsere kleinen Geheimnisse, über die wir nicht gerne reden.

Wir sollten uns daran erinnern, dass wir immer zu jedem Zeitpunkt das allerbeste geben, zu dem wir in der Lage sind.

In manchen Momenten ist das Beste einfach nicht perfekt, weil es uns selbst nicht gut geht. In anderen Zeiten gelingt es uns ohne Mühe liebevoll und großzügig zu sein. Im Nachhinein ist es immer einfacher zu wissen, wie wir uns hätten verhalten sollen, können oder müssen. Die Vergangenheit ist jedoch vergangen und es gibt keine Möglichkeit die Zeit zurückzudrehen und Dinge zu verändern. Und ob ein anderes Verhalten zu einem anderen, von dir gewünschten, Ergebnis geführt hätte, ist auch fraglich. Dafür hast du jetzt, in diesem Moment, die Möglichkeit, Weisheit aus der vergangenen Situation zu ziehen und in Zukunft ein anderes Verhalten zu wählen.

Selbstvergebung bedeutet die schmerzhaften Ergebnisse in deinem Leben nicht als Reflektion für das, was du verdienst, zu deuten, sondern sie als Kurskorrektur für das, was du dir wünschst, zu nutzen.

Schuldgefühle entstehen, wenn dir bewusst wird, dass du nicht das Beste von dir gegeben hast. Mit ihrer Hilfe versuchst du dich wieder in einen ‚guten Menschen' zu verwandeln. Denn selbst wenn du etwas Schlechtes gemacht hast, dann zeigen deine Gewissensbisse, dass du am Ende doch ‚gut' bist, oder? Allerdings können sie auch dazu benutzt werden, dich in deiner Passivität gefangen zu halten und nichts an der Situation zu ändern, die du verursacht hast.

Schuldgefühle sollten als Signal genutzt werden, dass wir gewisse Aspekte unserer Persönlichkeit noch weiter entfalten und Erkenntnisse aus der vergangenen Situation ziehen können. Wenn du akzeptierst, dass du zu jedem Zeitpunkt in deinem Leben nach bestem Willen und Gewissen gehandelt hast, dann kannst du die Schuldgefühle über deine vergangenen Handlungen und Nicht-Handlungen loslassen.

Dann kannst du diesen jetzigen Moment als eine Möglichkeit erkennen die ‚dunklen Seiten' deiner Persönlichkeit mit Liebe und Verständnis zu heilen und somit das Potential, das du dort gefangen gehalten hast, zu befreien. Diese freigesetzte Kraft gibt dir mehr inneren Frieden, Lebensfreude und Mitgefühl für andere.

Akzeptiere dich, dein Leben, deine Fähigkeiten und deine Schwächen ohne dich dafür zu verurteilen. Lerne dich selbst kennen ohne Angst oder Widerstand deiner Schattenseite gegenüber. Das wird dich emotional heilen und persönlich wachsen lassen. Lerne die bedeutungsvollen Erfahrungen in deinem Leben zu schätzen, indem du realisierst, dass das Leben allzu schnell vorbei ist. Deine Schatten und Dämone liebevoll zu integrieren kann eine kraftvolle Zeit der Veränderung und Transformation sein. Damit gelingt es dir alte Muster von Schmerz, Angst und Mangel in Liebe und Vertrauen umzuwandeln. Keine dunkle Seite ist zu verachtenswert und kein Mensch zu negativ, um nicht mit Hilfe der Liebe verändert zu werden.

Für die Selbstreflektion

Wenn du Schuldgefühle aufgrund einer vergangenen Handlung oder Nicht-Handlung hast, dann überlege, ob und was du an dem Schaden, den du verursacht hast, verändern kannst und tue es. Entschuldige dich falls notwendig und möglich und dann lass die quälenden Gefühle los!

Achte auf deine Schattenseiten und auf die Schattenqualitäten der Menschen, die du liebst und betrachte sie mit liebevollem Verständnis. Alle ‚unschönen' Aspekte deiner Persönlichkeit oder deines Lebens können sich dadurch verändern.

Eine wichtige Eigenschaft, die du dafür brauchst, ist Geduld. Geduld mit dir selbst und Geduld mit den Menschen, die du liebst. Akzeptiere und gib Raum zur Entfaltung! Und vor allem erinnere dich daran, dass die Schattenseite nur eine Hälfte deines Seins ist. Werde dir bewusst, dass du auch viele liebevolle und wunderbare Eigenschaften hast, die du mit der Welt teilen möchtest.

Kapitel IV

Was versteckt sich hinter deinen Gefühlen?

Hast du einen Fülle- oder einen Mangel-Kontext?

Generell gibt es zwei verschiedene Lebenstheorien. Die eine besagt, dass das Leben voller Fülle, Liebe und Vertrauen ist, die andere vertritt eins voller Mangel, Leiden und Misstrauen. Zwischen den beiden Auffassungen können wir frei wählen. Unsere grundsätzliche Gemütsstimmung wird von dieser Wahl bestimmt.

Je nachdem wofür wir uns entscheiden, richtet sich unser Fokus auf die positiven Qualitäten in Situationen und in anderen Menschen oder auf die negativen.

Ist unsere Aufmerksamkeit auf positive Aspekte gerichtet, sprechen wir von einem Fülle-Kontext. Mit einem solchen Fokus sehen wir nicht nur die guten Seiten in unseren Lebenssituationen, sondern vertrauen auch darauf, das alles, was in unserem Leben geschieht, zu unserem Besten ist.

Mit Vertrauen sind wir in der Lage das Leben zu genießen und darauf zu zählen, dass wir mit dem, was uns begegnet gut umgehen können.

Wir können alle unsere Erlebnisse begrüßen, auch wenn sie nicht dem entsprechen, was wir uns ursprünglich erhofft haben, weil wir das positive an den Entwicklungen erkennen. Sehen wir Fülle im Leben, fühlen wir uns durch unsere Erfahrungen bereichert und sind voller Vertrauen unser Ziel früher oder später zu erreichen. Eine liebevolle Haltung bringt uns näher mit anderen Menschen zusammen. Wenn wir bereit sind uns selbst zu lieben, dann entwickeln wir auch die Fähigkeit andere mit Mitgefühl und Liebe zu betrachten. Fülle lässt uns ein Leben voller Möglichkeiten sehen.

So können wir mit Leichtigkeit leben und den Moment genießen. Dazu gehört auch Dankbarkeit für diejenigen Menschen, die in unserem Leben sind und Erinnerungen an schöne Augenblicke, die wir mit ihnen verbracht haben.

Mit Hilfe von Liebe und Vertrauen können wir die guten Eigenschaften in anderen erkennen und sie für ihre besonderen Qualitäten schätzen.

Mit einem Mangel-Kontext richtest du deine Aufmerksamkeit auf all die Dinge in deinem Leben und in anderen Menschen, die nicht stimmen und nicht perfekt sind. Wahrscheinlich tust du das Gleiche auch mit dir selbst. Du urteilst und bewertest. Das Leben, du selbst und andere werden nie vollkommen sein! Das ist eine Sache der Unmöglichkeit.

Du kannst dich frei entscheiden, ob du deine ganze Aufmerksamkeit, Energie und Zeit an diese Imperfektionen verschwenden möchtest oder nicht. Das, was dir das gibt ist eine Entschuldigung nicht glücklich sein zu müssen. Du kannst an deinem Ärger, deiner Wut und deiner Enttäuschung festhalten und brauchst dich dem Leben nicht weiter zu stellen. Angst, Misstrauen, Neid und Ärger halten dich auf deinem jetzigen Niveau fest und hindern dich daran, dich weiter zu entwickeln und vor allem, andere Erfahrungen zu machen.

Wenn du deine Zeit damit verbringst dein Leben genau unter die Lupe zu nehmen und herauszufinden, was alles damit nicht stimmt, dann wirst du natürlich auch fündig werden. Wer sucht, der findet. Viele Therapieformen konzentrieren sich auf die Probleme, die existieren. Am Ende der Therapiesitzung hast du dann zwar viele Erklärungen für deine Probleme, aber leider immer noch keine Lösung dafür.

Mit einem Mangel-Fokus ist es unmöglich glücklich zu werden, denn schließlich findest du immer genug Dinge und Gründe, die dich davon abhalten zu entspannen. Mit Misstrauen kannst du nicht genießen. Bei so vielen negativen Dingen um dich herum kannst du keine Erfüllung finden, keinen inneren Frieden und keine Freude. Auch wenn du zufällig einmal das bekommst, wonach du dich sehnst, wirst du auch in dieser Situation noch einen Fehler entdecken oder die ganze Zeit daran denken, wann der schöne Moment denn nun vorbei ist.

Die Lebenstheorie von Mangel verursacht Angst. Das lähmt dich und deine Fähigkeiten angemessen auf die Umstände, die dir begegnen zu reagieren.

Aus Angst vor Veränderung klammerst du dich krampfhaft und verzweifelt an deinen derzeitigen Status Quo. Denn schließlich ist deiner Meinung nach alles im Leben knapp und Veränderung bedeutet Verlust. Es gibt nicht genug Liebe, nicht genügend Jobs und nicht ausreichend Geld.

Dadurch verlierst du deine Flexibilität und bist nicht bereit Alternativen zu deinen fixen Vorstellungen zuzulassen.

So entgehen dir nicht nur Chancen, sondern auch Lebensfreude, innere Zufriedenheit und Glück.

Da, wo dein Fokus hingerichtet ist, wirst du Beweise für deine Annahme finden. Wenn du glaubst, dass das Leben dir Schlechtes will, dann hast du Recht. Wenn du glaubst, dass das Leben dir Gutes will, dann hast du auch Recht. Es liegt an dir, was du glauben möchtest. Durch deine Entscheidung bestimmst du die Art des Lebens, das du erfahren wirst. Die Dinge, auf die du deine Aufmerksamkeit lenkst, treten in den Vordergrund, werden bedeutender und du wirst entsprechende Erfahrungen machen.

Deine wahren Intentionen zeigen sich in deinen Ergebnissen. Da, wo deine Ergebnisse noch nicht mit dem übereinstimmen, was du dir wünschst, hast du offensichtlich noch etwas zu lernen und dein Denken, Fühlen oder Handeln muss entsprechend korrigiert werden. Dies kannst du beliebig oft wiederholen, bis du das gewünschte Ziel erreicht hast. Manchmal müssen bestimmte Situationen noch einmal durchlebt werden, um neue Erkenntnisse zu sammeln.

Das Leben ist auf jeden Fall einfacher, wenn du einen Fülle-Kontext hast. So kannst du voller Vertrauen, alles was zu dir kommt, genießen.

Für die Selbstreflektion

Für welche Lebenstheorie hast du dich entschieden? Wohin richtest du deine Aufmerksamkeit? Welche Dinge fallen dir vermehrt auf? Schöne, positive oder negative, unangenehme? Wie fühlst du dich mit deinem Leben? Mit dir selbst? Wo in deinem Leben ist schon Liebe, die du vielleicht noch gar nicht gesehen hast? Wo in deinem Leben bekommst du schon das, wonach du dich sehnst? Wo bist du schon erfolgreich?

Erstelle eine Liste von all den positiven Dingen, die heute für dich passiert sind. Das können Dinge sein wie ein Lob vom Chef, Zeit, die du heute für Entspannung gefunden hast, eine gute Mahlzeit, der Spaziergang in der frischen Luft, ein Lächeln von einem Fremden, ein Kompliment, das schöne Wetter... Wenn dir nichts einfällt wofür du dankbar sein kannst, dann schau dir die Nachrichten an und du wirst mit Beispielen genug versorgt, die dir zeigen, dass du für das dankbar sein kannst, was du nicht erleben musst!

Die Quintessenz ist dankbar für die kleinen Dinge des Lebens zu sein, statt auf große Ereignisse zu warten.

Erstelle eine Liste von all den positiven Dingen in deinem Leben, für die du dankbar sein kannst. Das können Dinge sein wie ein sicherer Job, Gesundheit, eine gute Beziehung, Freunde, ausreichend Geld, etc.

Nimm dir jeden Tag zehn Minuten Zeit für Dankbarkeit. Am Besten morgens nach dem Aufstehen oder abends vor dem Schlafengehen.

Täter-Opfer-Kontext

Der Glaube, dass es Menschen gibt, die ‚Böses tun' und solche, die darunter leiden, ist die Täter-Opfer-Lebenstheorie. Eine solche Annahme führt zu Druck, Dominanz, Schweigen, Unsicherheit, Angst, Aggression, Streit, Mangel, Rückzug, gedämpfter Stimmung, Verschlossenheit und Verletzung in Freundschaften und Beziehungen.

Ein Opfer fühlt sich dem Leben ausgeliefert und hat den Eindruck, dass Dinge einfach so passieren. Und vor allem, dass andere Leute immer wieder etwas machen, was dem ‚Opfer' schadet.

Das Opfer sagt:

- meine Eltern haben mich immer schlecht behandelt
- meine Freunde gönnen mir einfach nichts
- mein Arbeitgeber ist andauernd ungerecht zu mir
- der Staat ist schuld daran, dass ich keine Arbeitsstelle habe
- mein Freund(in) liebt mich nicht genug
- immer passieren mir schlimme Dinge
- ich bin halt ein Pechvogel
- bei mir läuft alles schief
- ich kann nichts dafür

Als Opfer bist du so gefangen in deinen negativen Gedanken, dass du etwas anderes gar nicht mehr wahrnimmst. Einer der destruktivsten ist: ‚Das hier ist nicht das, was ich eigentlich erleben sollte.' Dies lässt dich hilflos und schlecht fühlen. In der Opferrolle hast du das Gefühl, dass sich die ganze Welt gegen dich verschworen hat und du keinerlei Möglichkeit hast etwas zum Positiven zu verändern. Wie auch, wenn du glaubst, dass es die anderen sind, die dir etwas antun.

Oft haben wir das Gefühl, dass andere Leute uns etwas antun, wenn Situationen sich anders entwickeln als gewünscht. Wir neigen dazu dem Vorgesetzten, der Beziehung, dem Ex-Mann oder dem Staat die Verantwortung für unser Unglück zuzuschreiben und vergessen dabei leicht, dass wir für die Geschehnisse in unserem Leben mitverantwortlich sind.

Das gilt für einen zwischenmenschlichen Streit genauso wie für Arbeitslosigkeit, Geldmangel oder Übergewicht. Natürlich werden wir manchmal mit schwierigen und ungerechten Situationen konfrontiert, aber es liegt trotzdem an uns, was wir daraus machen.

Wir können bei niemand anderem als bei uns selbst die Verantwortung dafür suchen, wenn etwas schief läuft oder wir nicht das in uns und unserem Leben verwirklichen, wovon wir ursprünglich geträumt haben. Wir haben die Möglichkeit uns als Opfer dieser Gegebenheiten zu fühlen, andere dafür verantwortlich zu machen, depressiv zu werden und davor zu flüchten oder wir können sie als Herausforderung ansehen, das Allerbeste aus uns selbst herauszuholen.

Für die Selbstreflektion

Du kannst dich für die Kontrolle in deinem Leben entscheiden oder dafür, von den Umständen kontrolliert zu werden. Du hast die Freiheit zu bestimmen zu welcher Sorte von Leuten du gehören möchtest. Es ist deine eigene Wahl. Du bist frei dahin zu gehen, wo du willst, das zu machen, was du willst und dir dein perfektes Leben aufzubauen.

Dir stehen alle Möglichkeiten offen. Der erste Schritt dahin ist aufzuhören andere für dein Lebensglück haftbar zu machen und deine Eigenverantwortung zu übernehmen. Denn um aus dem Opferkontext herauszukommen, musst du Verantwortung für dich und dein Leben übernehmen und erkennen, dass du deine Lebensumstände mit verursacht hast. Wenn du dich dafür entscheidest verantwortlich für dein Leben zu sein, dann befindest du dich in einer Position der Stärke. Situationen entstehen immer aus einer Interaktion zwischen Menschen. Das gibt dir die Möglichkeit etwas zu verändern, nämlich deinen Beitrag zu der Situation. Überlege dir, was du erreichen möchtest und suche liebevolle Lösungen für alle Beteiligten.

Das Konzept von Richtig und Falsch

‚Des Menschen Fehler sind seine Entdeckungsportale'
James Joyce

Ein Konzept, mit dem die meisten von uns aufgewachsen sind, ist die Vorstellung davon, dass ein ‚Richtig' und ein ‚Falsch' existieren. Tatsächlich werden wir von klein auf darauf getrimmt Fehler zu vermeiden und uns ‚richtig' zu verhalten. Die Einordnung in die Kategorien ‚richtige' und ‚falsche' Verhaltensweisen soll vor schmerzhaften Erfahrungen schützen.

Diese Unterscheidung spricht dir auch dann das Recht zu, wenn du alles ‚richtig' gemacht und trotzdem schmerzhafte Erlebnisse hast. So erlebst du zwar Schmerz, kannst dich aber damit trösten wenigstens Recht zu haben. Auch wenn das keine Lösung für deine Probleme bietet.

Recht haben zu wollen bedeutet Distanz zu anderen schaffen. Du erzeugst emotionalen Schmerz für dich und für andere, wenn du über eine bestimmte Interpretationsweise Recht haben willst. Erst wenn du bereit bist, deine rechthaberische Position aufzugeben, wirst du die Nähe herstellen können, die du dir wünschst. Tatsächlich gibt es keine Fehler und keine falschen Verhaltensweisen. Es gibt kein richtig oder falsch, sondern nur das, was funktioniert oder nicht funktioniert.

Nicht alle Erfahrungen, die du machst, werden dir schöne Gefühle vermitteln. Manche werden schmerzhaft sein. Du wirst Handlungen ausüben, die du nachher bereust oder die Schuldgefühle in dir auslösen. Verzeihe dir für diese Menschlichkeit. Es gibt keine schlechten Erfahrungen, sondern nur Situationen, die dich ein kleines Stück näher zu dir selbst bringen. Alle Erlebnisse helfen dir deine Einstellungen zu überprüfen und zu erforschen, was du wirklich willst und was auf gar keinen Fall.

Durch Ausprobieren und Feedback findest du heraus, welche Art von Beziehung dir gefällt, was für eine Sorte Menschen du gern hast, was dich im Leben begeistert, was dich gut fühlen lässt und was schlecht. Zum Experimentieren gehört auch dazu, unangenehme Erfahrungen zu machen. Manche Leute hören sehr früh auf sich neuen Erfahrungen zu stellen. Andere wiederum trauen sich gar nicht erst neuartige Dinge auszuprobieren, weil ihre Angst vor unerfreulichen Ereignissen sie gefangen hält. Aber neue Erlebnisse sind nicht unbedingt schmerzhaft. Was wenn sie wirklich schön sind, Spannung und Spaß bringen?

Für die Selbstreflektion

Es ist sehr hilfreich für dein Selbstwertgefühl und Selbstbewusstsein, wenn du deine Fehler als Feedback ansiehst. Verdirb dir nicht die Stimmung durch Gedanken, dass du nicht gut genug bist oder indem du dich für Handlungen schuldig fühlst, weil du meinst, dass du dieses oder jenes noch besser hättest hinbekommen können. Statt in deinen Schuldgefühlen zu versinken, frag dich lieber: Was kann ich aus dieser Erfahrung lernen? Was kann ich in tun, um die Ergebnisse zu bekommen, die ich mir wünsche? Was bin ich bereit dafür zu tun? Was bin ich nicht bereit dafür zu tun? Wie kann ich den Prozess genießen während ich das tue, was notwendig ist, um die Dinge so werden zu lassen, wie ich es möchte?

Kapitel V

Sinn und Zweck – verstehe deinen Schmerz

Schmerz als Entdeckungsportal

‚Schmerzhafte Gefühle sind wie Dünger,
sie bringen uns zum Wachsen.'

In den Bereichen, wo das Leben von den eigenen Vorstellungen abweicht, wo etwas anders ist, als erhofft, entstehen schmerzhafte Gefühle. Sie dienen der Bewusstwerdung. Zum einen helfen sie dir Klarheit über das zu gewinnen, was du in deinem Leben genau willst. Zum anderen zeigen sie dir, wo es in deinen Denkmustern noch alte, unverarbeitete Wunden gibt, die geheilt werden möchten.

Sind wir unglücklich in einer bestimmten Lebenssituation und verändern nichts, dann gibt dir zunächst eine unangenehme Empfindung einen Hinweis darauf, wo du aufmerksam hinschauen solltest. Werden diese Signale nicht beachtet, wird die Nachricht deutlicher, d.h. die Gefühle stärker. Eventuell treten sogar körperliche Beschwerden auf.

Ignorierst du das Gefühl weiterhin, können ernsthafte Krankheiten entstehen und dich dazu zwingen genau dieses Problem zu adressieren. Glücklicherweise gibt einem das Leben laufend Gelegenheiten sich mit Dingen zu beschäftigen, denen man aus dem Weg zu gehen versucht hat.

Schmerz kann dich dazu motivieren eine schon lange anstehende Entscheidung zu treffen, die du bisher vermieden hast. Er kann dazu auffordern dich auszudrücken, Grenzen zu setzen, Lebenssituationen zu verändern oder dich selbst und andere mehr zu lieben. Aber er kann dich auch von der Lebensfreude, die du ja nicht verdient hast, abhalten und die perfekte Entschuldigung dafür bieten, keine klaren Entscheidungen treffen zu müssen. Dann hast du dich dafür entschieden, in deinem Schmerz zu verharren.

In einer Lebenssituation, die dich unglücklich macht, hast du genau zwei Möglichkeiten deine Gefühle zu verbessern: du kannst die Situation verändern oder deine Meinung dazu. Beide Möglichkeiten sind gleichwertig.

Du hast allerdings auch die Freiheit weiterhin unglücklich in genau dieser Lebenssituation zu bleiben und nichts zu verändern. Da die Seele jedoch auf Wachstum ausgerichtet ist, wird sie dich früher oder später dazu zwingen etwas zu ändern. Je nachdem welche Absicht du verfolgst, kannst du erneut eine ähnliche Lebenssituation schaffen und nur die Spieler auf deiner Lebensbühne austauschen oder wirklich neue, andere Umstände für dich schaffen.

Da du aber immer nur das in deinem Leben manifestierst, was du insgeheim glaubst verdient zu haben, ist der erste und wichtigste Schritt zum Glück, deine Denkmuster zu verändern, daran zu glauben, dass du etwas Besseres verdient hast und es zuzulassen. Wenn du dich veränderst, wirst du im Laufe einer Woche wahrscheinlich viele Male in deinen Mustern stecken bleiben und dich wieder befreien. Alte, vertraute und eigentlich ausgediente Situationen werden immer wieder besucht, wenn du noch etwas für deinen Wachstumsprozess lernen oder erfahren musst. Das gibt dir die Gelegenheit tiefer zu gehen, dich selbst noch besser zu verstehen und kann auch ein guter Test dafür sein, wie sehr du dich schon verändert hast. Manchmal ist es wichtig gewisse Erfahrungen noch einmal zu fühlen, damit sich wirklich etwas anders werden kann. Tappst du noch einmal in diese Falle?

Für die Selbstreflektion

Bewusstwerdung für die Sprache des Körpers und der Seele fördert die innere Balance und dein Wohlbefinden und trägt dazu bei, ein gesünderes Leben voller Vitalität, Erfüllung und Freude zu führen. Um zu unterscheiden, ob eine Veränderung in deinem Denken oder Handeln erforderlich ist, stelle dir folgende Fragen:

Verdiene ich es, glücklich zu sein? Welchen Glauben über mich selbst hat diese Lebenssituation mir bewiesen? Welchen Glauben über das Leben hat mir diese Lebenssituation bewiesen? Was geben mir schmerzhafte Gedanken? (Veränderung im Denken)

Verhält sich die Situation wirklich so oder bin ich in dem Prozess mich selbst zu sabotieren?

Wovon hält der Schmerz mich ab? Was vermeide ich? Warum brauche ich den Schmerz in meinem Leben? Was geben mir schmerzhafte Situationen? (Veränderung im Handeln)

Das Potential von Krisensituationen

Krisen sind Zeiten großer Veränderungen und werden von Unsicherheit und hoher Belastung begleitet. Wir befinden uns außerhalb unserer Komfortzone.

Stellen wir uns den damit verbundenen neuen Herausforderungen, dann wachsen wir und entfalten uns. Lebenskrisen sind meistens das Ergebnis negativer Gedankenmuster und nicht nur eine Chance einschränkende Glaubensgrundsätze, sondern auch die Lernaufgaben dahinter zu erkennen.

Diese ‚Schicksalsschläge' bringen dich immer ein Stück näher zu deiner inneren Wahrheit. Wenn du das erkennst, dann bist du in der Lage besser mit Problemsituationen umzugehen und dein Leben immer mehr zu deiner Zufriedenheit zu gestalten. Letztendlich geht es darum, dich für eine neue Identität und einen neuen Kontext zu entscheiden mit dem Ziel, zu innerem Frieden und Glück zu gelangen. Wenn du dich für ein neues Denkmuster entscheidest, beginnt eine Zeit neuer Erfahrungen.

Wenn du in einer Krisensituation steckst, ist es hilfreich dich zu fragen:

- ☯ Was habe ich dazu beigetragen?
- ☯ Was ist gut daran?
- ☯ Was kann ich jetzt daran ändern?
- ☯ Was kann ich in Zukunft ändern, damit das Gleiche nicht noch einmal passiert?

Existenzkrise

Wenn du deine Arbeit verlierst, dann wirst du mit Existenzängsten konfrontiert. Wahrscheinlich machst du dir Sorgen, wie du oder deine Familie finanziell über die Runden kommen sollen. Vielleicht befürchtest du auch, dass der Verlust deiner Arbeit eine Reflektion deiner Kompetenz oder deiner Leistung ist. Arbeitslosigkeit kann alte Denkmuster, die du über deinen Wert hast hervorbringen und dein Selbstwertgefühl in Frage stellen.

Allerdings kannst du diese Situation auch aus einem anderen Blickwinkel betrachten. Vielleicht bist du aus dieser Arbeit herausgewachsen und brauchst neue Aufgaben, die dir die Möglichkeit bieten dich persönlich und beruflich weiterzuentwickeln. Es kann sein, dass ein besser passender Job bereits auf dich wartet. Die Arbeitslosigkeit bietet dir den Freiraum für kreative Impulse. So hast du jetzt die Gelegenheit umzuziehen und ein völlig neues Leben anzufangen oder den Freiraum, jetzt etwas Eigenes aufzubauen und damit Unabhängigkeit zu erreichen.

Vielleicht brauchst du aber auch die zusätzlichen Zeit, weil gerade andere Dinge in deinem Leben im Vordergrund stehen und deine Aufmerksamkeit erfordern. Du kannst die freie Zeit dazu nutzen dich fortzubilden. Jobs werden von Mal zu Mal besser. Sie passen besser zu dir. Mit jeder neuen Arbeit entwickelst du dich sowohl als Mensch als auch beruflich weiter. Und dann nimmst du dein neues Vertrauen wieder mit in einen anderen Job.

Trennungskrise

Nach einer Trennung wirst du wahrscheinlich zunächst einmal mit deinen Verlustängsten konfrontiert. Es kann sein, dass du daran zweifelst liebenswert zu sein und Angst hast nie wieder einen Partner zu finden. Es ist keine Frage, dass Trennungen schmerzhaft sind, wenn wir solche Gedanken haben. Du kannst die Trennung aber auch aus einer anderen Perspektive betrachten. Es kann sein, dass eure Wertvorstellungen nicht zusammen gepasst haben und dass jetzt ein passenderer Partner auf dich wartet, für den du frei sein musst.

Oder, dass du vielleicht erst einmal Zeit brauchst, um dich selbst besser kennen zu lernen und heraus zu finden, was du wirklich in einem Partner und in einer Beziehung möchtest. Durch eine Trennung kannst du lernen, was alles schief gelaufen ist und was du genau bei dem nächsten Partner anders machen kannst. Eine Trennung hilft dir auch, Wertschätzung für andere zu entwickeln. Beziehungen werden von Mal zu Mal besser.

Weil wir uns unsere Beziehungsgefährten genauer aussuchen. Und weil auch wir selbst immer ‚besser' werden in Beziehungen. Liebevoller, einfühlsamer und toleranter. Und vor allem wissen wir unseren Partner mehr zu schätzen. Denn wer Trennungsschmerz erlebt hat, wird einfach aufmerksamer mit dem nächsten Partner umgehen.

Gesundheitskrise

Bei einer schweren Krankheit werden wir zunächst mit unserer Vergänglichkeit und Todesangst konfrontiert. Vielleicht haben wir auch das Gefühl, dass die Krankheit uns ausbremst und das Leben verhindert, das wir uns vorgestellt haben. Das ist sicherlich sehr frustrierend.

Wenn du dich auf die positiven Aspekte dieser Situation konzentrierst, wirst du vielleicht erkennen, dass du die Prioritäten in deinem Leben neu setzen musst. Eine Krankheit gibt dir eine Pause und Zeit nachzudenken. Sie kann dir helfen zu entscheiden was wirklich wichtig ist in deinem Leben. So gibt sie dir die Chance Beziehungen und Situationen zu verändern.

Vielleicht führt sie dich noch tiefer zu dir selbst und lässt dich deine Beziehungen zu anderen liebevoller gestalten. Vielleicht gibt es Bedürfnisse, die du noch nicht ausgesprochen hast? Vielleicht hast du aber auch deinen Körper nicht gut behandelt und dich in zahlreichen gesundheitsschädlichen Aktivitäten (inklusive Stress) engagiert?

Lass dich nicht verbittern durch einen ‚Schicksalsschlag'. Sondern nutze das Schicksal als deine Chance, tiefer in dich zu gehen, deine Träume zu leben, deine Liebe zu zeigen und anderen näher zu kommen. Nutze Krisen als eine Herausforderung das Beste aus dir und deinem Leben zu machen. Denn deswegen sind sie da. Es sollen eingefahrene Lebenssituationen aufgerüttelt werden. Krisen machen dich immer auf etwas aufmerksam. Sie sind Warnsignale, dass etwas in deinem Leben noch nicht ganz richtig läuft in. Höre sie, und verändere, was sich verändern muss. Letztendlich geht es darum immer glücklicher und zufriedener zu werden im Leben.

Für die Selbstreflektion

Stell dir vor, dass alles, was in deinem Leben passiert, zu deinem Besten ist. Alles, was sich verändert wird langfristig immer besser sein als das, was du bisher hattest. Auch wenn es sich gerade nicht so anfühlt. Vertraue darauf, dass das Leben dir nichts Böses will. Versuche stattdessen dich darauf zu konzentrieren, was gut an diesen Veränderungen ist. Sieh die tiefere Bedeutung dieser Lebensumstände und erkenne die Lernerfahrung, die diese Situation dir bietet. Falls es dir schwer fällt, das Gute an deinen Lebensumständen zu erkennen, dann bitte einen Freund(in) dir bei der Interpretation zu helfen. Vertraue dir und deinen Fähigkeiten mit den Veränderungen, die das Leben mit sich bringt, gut klar zu kommen.

Kapitel VI

Liebe und Beziehungen

Vier Arten zu lieben

Während wir aufwachsen, lernen wir, dass andere Menschen Ansprüche und Erwartungen an uns stellen und dass wir geliebt werden, wenn wir sie erfüllen. Wenn wir es nicht tun, dann bekommen wir negative Gefühle vermittelt oder werden mit ‚Liebesentzug' bestraft. Da wir alle das Bedürfnis haben geliebt zu werden, haben wir gelernt, den Erwartungen anderer Menschen zu entsprechen.

Wir gehen zur Familienfeier, wo wir uns unwohl fühlen. Wir treffen uns mit Freunden, obwohl wir eigentlich lieber einen gemütlichen Abend zu Hause verbringen wollten. Zu oft machen wir unser Verhalten abhängig von dem, was andere möchten und von dem, was wir denken, was sie von uns wollen. Häufig ist uns das noch nicht einmal bewusst. Nur wenige von uns haben die Erfahrung gemacht bedingungslos geliebt zu werden, akzeptiert zu werden wie wir sind und so sein zu dürfen wie wir es für richtig halten. Und nur wenige lieben andere bedingungslos. Aber man kann es lernen!

Liebe kann Ängste auslösen oder herausfordern. Liebe schmerzt, wenn du bestimmte Erwartungen an sie geknüpft hast, die dann nicht erfüllt werden. Wahre Liebe tut jedoch nicht weh. Je mehr Liebe du gibst, desto mehr Liebe wirst du fühlen. Körperliche Anziehung und Lust wird oft mit Liebe verbunden, manchmal aber auch damit verwechselt. Was ist Liebe für dich?

Lieben mich andere, dann erfüllen sie meine Bedürfnisse
Wenn du auf diese Weise liebst, dann erwartest und forderst du Liebe von anderen. Die Erfüllung deiner eigenen Bedürfnisse steht an erster Stelle. Erfolg in der Liebe beurteilst du danach, wie viel Liebe und Aufmerksamkeit du von anderen empfängst. Deine Erwartungen erzeugen Leistungsdruck bei anderen. Du bist oft wütend oder verärgert über das, was andere dir nicht geben. Dein Fokus liegt bei dir und deinen Wünschen allein.

Ich muss etwas leisten, um Liebe zu bekommen
Du nimmst das Leben über deine eigenen Bedürfnisse hinaus wahr. Liebe ist für dich ein Handel. Du gibst anderen Liebe, um geliebt zu werden. Du führst Buch über das, was du gibst und was du erhältst. Wenn du etwas gibst, dann hast du genaue Vorstellungen davon, was du dafür zurückbekommen möchtest und hast präzise Bedingungen an das ‚Was' und ‚Wie' geknüpft. Du suchst Aufmerksamkeit und verwechselst das oft mit Liebe. Vielleicht versuchst du jedermanns Liebling zu sein, um die ersehnte Aufmerksamkeit zu bekommen. Es kann aber auch sein, dass du dich dauernd über irgendetwas beschwerst oder dich auf Krankheiten fokussierst.

Ich liebe ohne etwas dafür zu erwarten
Du bist nicht aktiv auf der Suche nach Liebe. Du lebst dein Leben, bist zufrieden, hast ein offenes Herz, bringst anderen Liebe entgegen und wirst deswegen zurückgeliebt, aber erwartest es nicht. Es fällt dir leicht die Bedürfnisse von anderen zu akzeptieren und du nimmst Dinge nicht mehr persönlich. Da du keine Erwartungen an deine Liebe gebunden hast, kannst du auch nicht enttäuscht oder verletzt werden. Du liebst bedingungslos.

Alle Menschen sind es wert geliebt zu werden
Dies ist eine sehr bewusste und reife Form der Liebe. Du schenkst anderen Liebe unabhängig von deiner Beziehung zu ihnen. Jesus und Mutter Teresa haben dies vorgelebt. Wenn wir klein sind schenken wir allen Menschen genauso bedingungslos unsere Liebe. Erst durch unsere Erziehung und die Art und Weise wie wir unsere Erfahrungen interpretieren, wird unsere Liebe mit Bedingungen verknüpft. Es ist allerdings möglich diese Veränderung wieder rückgängig zu machen. Du kannst dich dazu entschließen anderen zu vergeben, wenn sie dir Unrecht getan haben und andere zu lieben, auch wenn du nicht zurück geliebt wirst. Liebst du auf diese Weise, ist dein Leben frei von Wut und Hass. Was andere Leute in deinem Leben machen oder nicht machen, beeinflusst dein Glück und deine Zufriedenheit nicht.

Was glaubst du über die Liebe?

Im Laufe unseres Lebens haben wir bestimmte Eindrücke von der Liebe gesammelt. Einerseits durch das, was wir bei unseren Eltern und in unserem Umfeld beobachtet haben, andererseits durch die Erfahrungen, die wir selbst mit der Liebe gemacht haben. Und nicht zuletzt werden wir auch durch das beeinflusst, was wir in verschiedenen Medien über Liebe vermittelt bekommen. Diejenigen Theorien, die wir über die Liebe haben, leben wir in unseren Beziehungen aus. Und natürlich spiegeln unsere Erfahrungen unsere Denkmuster wider.

Dinge, die wir über die Liebe glauben:

- ☯ Liebe muss dramatisch sein, ohne Leidenschaft ist es keine richtige Liebe
- ☯ Liebe tut weh
- ☯ Liebe bedeutet Verlustangst; wenn er keine Angst hat mich zu verlieren, liebt er mich nicht
- ☯ Liebe ist Besitzanspruch; wenn er nicht eifersüchtig ist, liebt er mich nicht
- ☯ Liebe muss überwacht werden; wenn ich den anderen nicht kontrolliere, werde ich ihn verlieren
- ☯ Liebe heißt, dass ich meine Bedürfnisse erfüllt bekomme; wenn er das nicht tut für mich, dann liebt er mich nicht
- ☯ Wenn er das sagt, dann liebt er mich nicht
- ☯ Ich muss mich anstrengen, damit ich geliebt werde

☯ Wenn ich einen Fehler mache, dann werde ich verlassen

Für die Selbstreflektion

Was sind deine Glaubensgrundsätze über Beziehungen? Was genau ist Liebe für dich? Was glaubst du über die Liebe? Wie haben deine Eltern Liebe vorgelebt? Was für Glaubensgrundsätze haben für sie dahinter gesteckt? Hast du die Vorstellungen deiner Eltern oder eines Elternteils von der Liebe übernommen? Was glaubst du über Beziehungen? Nach welchem Muster laufen deine Beziehungen ab? Welche Vorstellungen über Beziehungen stecken dahinter? Was glaubst du über dich selbst, dass du diese Situationen erlebst?

Wie siehst du das andere Geschlecht?

Das, was du von dem anderen Geschlecht denkst, wirst du in deinen Erfahrungen bestätigt sehen. Du interpretierst das Verhalten anderer so, dass es deine Theorien beweist. Auf diese Weise erfahren deine Schlussfolgerungen immer wieder Bestätigung. Je überzeugter du von deiner Wahrheit bist, desto schwerer hast du es andere Erfahrungen zuzulassen, ja, sie überhaupt zu erkennen. Die Eigenschaften deiner Eltern beeinflussen dein Bild von dir selbst und vom anderen Geschlecht. Wenn sich bestimmte Beziehungssituationen über Generationen wiederholen, dann hast du die Glaubensgrundsätze von deinen Eltern über Liebe, Beziehungen und das andere Geschlecht unbewusst übernommen und agierst diese Vorstellungen aus.

Egal, ob deine Eltern nun eine gute Beziehung miteinander gehabt haben oder nicht, die ersten Eindrücke haben dich tief geprägt. Es ist wahrscheinlich, dass du die Vorstellung deiner Eltern von Beziehungen ungewollt übernommen hast und in deinen eigenen weiterlebst. Es kann sein, dass du die gleiche Beziehungsdynamik weiterführst, die du bei deinen Eltern kennen gelernt hast, weil du ähnlich auf Probleme reagierst wie sie. Diese Dynamik ist dir vertraut ist und du empfindest sie deshalb als normal, selbst wenn du dich damit nicht wohl fühlst. Es erscheint ‚sicherer' als etwas Neues, Unbekanntes, das vielleicht noch schlimmer sein könnte. Vielleicht hast du aber noch keine andere Art Beziehungen zu leben kennen gelernt und weißt gar nicht, dass es auch anders geht.

Zusätzlich neigen wir unbewusst dazu einen Partner zu wählen, der uns an unsere Eltern erinnert, eben weil wir ein

Gefühl des ‚Bekannten' empfinden. So ein Mensch ist uns vertraut. Aus diesen Gründen können Beziehungsmuster von Generation zu Generation ‚vererbt' werden. Beispielsweise kann sich eine Frau, deren Vater Alkoholiker war, einen Partner mit einem Alkohol- oder Drogenproblem aussuchen oder jemanden, der das gleiche Grundproblem hat, das schon bei dem Vater zum Alkoholismus führte.

So wie du deinen Vater erfahren hast, erlebst du dein Männerbild, wenn du eine Frau bist. Ist das Verhältnis gestört gewesen, wiederholen sich ähnliche Schwierigkeiten in deinen Beziehungen, es sei denn du hast ihm vergeben für die emotionalen Schmerzen, die er verursacht hat, und deine Wunden geheilt.

So wie du deinen Vater erfahren hast, ist dein Bild von dir selbst und deiner Männlichkeit, wenn du ein Mann bist. Die Eigenschaften, die du an ihm liebst und bewunderst oder ablehnst und verachtest, so auch bei dir. Auch wenn du das Gegenteil dieser Qualitäten wählst bist du noch von ihm beeinflusst.

Dinge, die Frauen über Männer glauben:

- ☯ Männer gehen immer fremd
- ☯ Männer lügen
- ☯ Männer sind gewalttätig und brutal
- ☯ Männer sind nicht ernst zu nehmen
- ☯ Männer sind schwach
- ☯ Männer sind stark
- ☯ Männer sind dominant

- Männer sind unterlegen
- Männer sind minderwertig
- Männer sind gefühllos
- Männer tun mir immer weh
- Männern kann man nicht vertrauen

So wie du deine Mutter erfahren hast, erlebst du dein Frauenbild, wenn du ein Mann bist. Ist das Verhältnis gestört gewesen, wiederholst du eine ähnliche Problematik in deinen Beziehungen, es sei denn du hast ihr vergeben für die Störungen, die sie verursacht hat, und deine Wunden zu den Situationen geheilt.

So wie du deine Mutter erfahren hast, ist dein Bild von dir selbst und deiner Weiblichkeit wenn du eine Frau bist. Die Eigenschaften, die du an ihr liebst und bewunderst oder ablehnst und verachtest, so auch bei dir. Auch wenn du das Gegenteil dieser Qualitäten wählst, bist du immer noch von ihr beeinflusst.

Dinge, die Männer über Frauen glauben:

- Frauen sind frigid
- Frauen sind zickig
- Frauen sind besitzergreifend
- Frauen sind dominant
- Frauen sind herrschsüchtig
- Frauen sind eifersüchtig

- Frauen sind anhänglich
- Frauen sind unselbstständig
- Frauen sind schwach
- Frauen sind nicht ernst zu nehmen
- Frauen sind unterlegen
- Frauen sind minderwertig
- Frauen betrügen immer

Wie werden deine Beziehungen aussehen, wenn du das von dem anderen Geschlecht glaubst?

Für die Selbstreflektion

Welche ‚allgemeingütigen' Schlussfolgerungen hast du über das andere Geschlecht getroffen? Was für ein Männer-/ Frauenbild steckt dahinter? Ist das dein eigenes Bild oder hast du es von einem Elternteil übernommen?

Beziehungen

In einer Beziehung kommen zwei Menschen zusammen, von denen jeder seinen ganz persönlichen Hintergrund, seine Erfahrungen, Verletzungen und Lebensauffassungen hat, sowie eigene Meinungen und Interessen. Hinzu kommen die viel zitierten Unterschiede der Geschlechter. Kein Wunder, dass bei all den Unterschieden und Meinungsverschiedenheiten auch mal Konflikte auftauchen.

Wenn dein Partner Dinge anders sieht oder anders handelt als du, brauchst du das nicht als Ablehnung zu verstehen. Du hast auch kein Recht ihn zu verändern oder ihm vorzuschreiben wie er sich zu verhalten hat.

Unstimmigkeiten in einer Beziehung werden meist nicht durch böse Absichten verursacht, sondern durch Andersartigkeit, die Unsicherheit auslöst und dem daraus folgenden Bedürfnis ‚Sicherheit' zu bekommen. Aus einem anderen Blickwinkel betrachtet, macht Andersartigkeit eine Beziehung spannend, denn man kann voneinander lernen und sich neue Sichtweisen aneignen.

Kompliziert wird es nur, wenn Gefühle nicht offen, ehrlich und ruhig ausgesprochen werden, ohne dem anderen die Schuld dafür zu geben. Das gelingt dir, wenn du volle Verantwortung für deine eigenen Empfindungen übernimmst. Befürchtungen können durch offene Aussprache aufgelöst werden. Denn wenn der andere genau weiß, wie du über etwas denkst und wie du bist, wird er sich sicherer fühlen und vor allen Dingen sich richtig zu verhalten wissen. Behaltet dabei im Auge, dass jeder von euch seine ganz eigenen Bedürfnisse hat und dass auch diese ausgesprochen werden müssen. Ihr solltet die Bereitschaft mitbringen aufeinander einzugehen, eure unterschiedlichen Bedürfnisse zu berücksichtigen und Kompromisse zu schließen. In einer Beziehung verlieren immer beide, nicht nur einer. Sorge dafür, dass der andere gewinnt.

Beziehungsmotive

Wir gehen Beziehungen meistens aus einem von zwei Gründen ein. Entweder aus dem Gefühl heraus, dass uns etwas fehlt, dann suchen wir Erfüllung bei dem anderen, oder weil wir voller Liebe sind und sie gerne teilen möchten. Der Beweggrund für eine Beziehung legt ihre Qualität fest und die Art Partner, den du dir suchst. Er bestimmt auch wie erfolgreich eine Beziehung wird und ob du letztendlich damit wirklich glücklich bist.

Mangel-Beziehungen

Du bist in einem Mangelkontext, wenn du glaubst, dass nur dein Partner dich glücklich machen kann. Bist du in einem Mangelzustand, den du (unbewusst) ausgleichen willst, dann erwartest du die Erfüllung deiner Sehnsüchte von anderen. Dein Partner kann es dir nur selten Recht machen und du bist verletzt, wenn du ein ‚nein' hörst. Dann bleibt ein alter Kindheitsschmerz der Zurückweisung und das Gefühl nicht geliebt zu werden bei dir zurück.

Das macht dich nicht zu einem schlechten Menschen, denn deine Bedürfnisse sind real und du hast ein Recht auf Erfüllung. Vielleicht weißt du nicht, wie du deine Sehnsucht unabhängig vom anderen stillen kannst.

Die meisten von uns tragen unerfüllte Bedürfnisse aus der Kindheit mit sich herum. Uns fehlen Liebe, Anerkennung, Lob und vor allem das Gefühl in Ordnung zu sein, so wie wir sind. Jeder hat das Bedürfnis nach bedingungsloser Liebe. Aufgrund von Missverständnissen mag diese Sehnsucht in unserer Kindheit unerfüllt geblieben sein. Vielleicht haben unsere Eltern nicht realisiert, was wir zu einem bestimmten Zeitpunkt gebraucht hätten oder aber waren nicht in der Lage es uns zu geben. In manchen Fällen hat es körperlichen, emotionalen, oder sogar sexuellen Missbrauch gegeben. Einige sind nur mit einem Vater oder einer Mutter aufgewachsen, andere ganz ohne Eltern. Durch solche und verschiedene andere Umstände können starke Gefühle zurückgeblieben sein, die uns in unseren späteren Beziehungen beeinflussen.

Meistens haben wir den Eindruck, dass wir etwas nicht bekommen haben, das uns nun was fehlt und wir sehnen uns nach Liebe.

Unsere unerfüllten Kindheitsbedürfnisse und -verletzungen machen uns liebebedürftig und treiben uns in Beziehungen, die scheinbar eine Erfüllung versprechen. Durch unser Liebesdefizit neigen wir dazu überzogene Ansprüche an andere zu stellen, sind auf Liebesbeweise und Anerkennung angewiesen. Wir erwarten von unserem Beziehungspartner, dass er unsere Bedürfnisse schleunigst alle stillt und sind enttäuscht und traurig, wenn das nicht so ist. Wir wünschen uns, dass unser Partner alle unsere Gefühlsregungen sofort erkennt und entsprechend handelt. Denn das ist doch wahre Liebe, oder?

Leider hat unser Partner jedoch keine telepathischen Fähigkeiten, er handelt auch nicht so wie wir uns das vorstellen.

Es ist fast so, als ob wir jetzt erwachsen sind, aber in uns immer noch ein Teil wohnt, der ein kleines Kind geblieben ist. Dieses ‚innere Kind' trägt alle unsere unerfüllten Bedürfnisse, Verletzungen und Traurigkeiten in sich und beeinflusst unser Verhalten anderen gegenüber. Es sehnt sich danach Liebe und Aufmerksamkeit zu bekommen.

Als Erwachsene haben wir jedoch die Wahl uns selbst zu lieben oder uns weiterhin von der Liebe anderer abhängig zu machen. Lieben wir uns selbst und sind zufrieden mit uns, dann mögen uns auch andere. Wenn wir uns nicht bewusst dazu entscheiden uns selbst mehr lieben zu lernen, dann suchen wir ganz automatisch die Liebe und Anerkennung von unseren Mitmenschen. Dies kann im Rahmen von Beziehungen und Freundschaften oder in der Berufssituation durch Arbeitskollegen und Vorgesetzte sein. Wenn wir unserem inneren Kind die Aufmerksamkeit schenken, die es braucht, geben wir ihm die Chance erwachsen zu werden.

Wenn wir die Liebe im Außen suchen, dann bringt unser inneres Kind uns in Situationen, die Erlebnisse und Gefühle hervorrufen, die uns an unseren alten Schmerz erinnern. Auf diese Weise werden die Verletzungen des inneren Kindes verstärkt und es kann nicht erwachsen werden.

Du bist die einzige Person, die deine Bedürfnisse erfüllen kann. Wenn dir ein anderer gibt, was du dir wünschst, wird deine Sehnsucht nur vorübergehend gestillt und ist bald darauf wieder in alter Stärke da. Wenn dein inneres Kind nicht erwachsen wird, bist du wie ein Fass ohne Boden, das niemals ge-(er)-füllt werden kann. Solange du dich nicht um dein Kind kümmerst, erwartest du, dass andere dich glücklich machen. Auf diese Weise entsteht Druck in der Beziehung.

Während der eine Partner sich ungeliebt und zurückgewiesen fühlt, ist der andere nicht nur überfordert von den Ansprüchen, die der Partner stellt, sondern er glaubt auch nicht gut genug zu sein. Denn ganz offensichtlich ist alles, was er macht, nicht richtig. So wird der Grundstein für das Zugrundegehen der Beziehung gelegt.

Wenn du allerdings deine Bedürfnisse in deiner Beziehung unterdrückst, dann hast du das Gefühl etwas für sie aufzugeben. Dementsprechend ist die Erwartung, gleichermaßen zurückzubekommen und die Enttäuschung groß, wenn das nicht passiert. Dann hast du das Gefühl der Einzige zu sein, der etwas für die Beziehung tut. Probleme entstehen dann, wenn du deine Empfindungen vor dir selbst oder anderen verbirgst. Gefühle geben dir wichtige Informationen über Beziehungen, emotionale Bedürfnisse und Sicherheit, kurz über alles, was du brauchst um glücklich zu sein. Wenn du ihre Botschaft realisierst, ohne dich in dem Gefühl zu verlieren, dann kannst du ‚erwachsen' handeln und deinem Bedürfnis gerecht werden.

So übernimmst du Verantwortung für dein inneres Kind und kannst deine Wünsche ohne Vorwürfe, Forderungen oder Schuldzuweisungen aussprechen. Ein wichtiger Schritt in dem Bewusstwerdungsprozess ist es, deine Gefühle zu akzeptieren und zu lernen über deine Bedürfnisse zu sprechen. Frage oder bitte deinen Partner sie dir zu erfüllen. Du darfst auch sagen, was du dir wünschst!

Akzeptiere es, wenn dein Partner dir gerade nicht das geben kann, was du brauchst. Erfülle dir deine eigenen Bedürfnisse und entlaste damit die Beziehung. Gib dem anderen den Raum sich zu entfalten. Wirklich erwachsen ist dein inneres

Kind geworden, wenn du auch mal ein ‚nein' hören kannst, ohne wütend zu werden oder dich ungeliebt zu fühlen. Und habe Geduld mit dir, dieser Prozess hört nie auf!

Wir sind alle immer ein bisschen enttäuscht, wenn wir ein ‚nein' hören. Für eine erfolgreiche Beziehung sollten immer die Liebe und das Verständnis für den anderen im Vordergrund stehen. Gönne dem anderen seine Freiheit, seinen Spaß ohne dich. Sei großzügig mit den nicht so perfekten menschlichen Seiten an deinem Partner. Liebe ohne Bedingungen. Übernimm Verantwortung für deine Ängste und lerne der Liebe zu vertrauen.

Fülle-Beziehungen

Wenn du dir selbst genügst, dann gehst du Beziehungen ein um zu teilen und zu genießen, weil der andere dir gefällt und du dich menschlich zu ihm hingezogen fühlst. Wenn du zufrieden mit dir selbst bist und dir nichts fehlt, dann ist alles, was dein Partner dir gibt, ein Bonus und kann voll und ganz genossen werden. In der Fülle bist du erheblich toleranter und stellst weniger Ansprüche.

Du siehst das Gute in deinem Partner, die besonderen Qualitäten, die er hat, bist großzügig, liebevoll und bereit immer das Beste von deinem Partner anzunehmen.

Da du dich selbst um die Erfüllung deiner Bedürfnisse zu kümmerst bist du unabhängig von anderen. Das heißt, dass du zwar Sehnsüchte und Wünsche hast, aber ihre Erfüllung nicht von deinem Partner erwartest. Du kannst deine Gefühle frei ausdrücken und weißt, dass ein ‚nein' deines Partners nicht bedeutet auf die Erfüllung deiner Bedürfnisse zu verzichten. Es ist dir bewusst, dass auch du selbst oder andere Freunde dir geben können, was du brauchst, wenn dein Partner es gerade nicht kann.

Erst dann kannst du eine gleichberechtigte, unabhängige Beziehung führen. Deine Beziehungen werden eine ganz neue Dimension annehmen, wenn du dich auf deine Selbstständigkeit und Eigenverantwortung besinnst und deinen Partner so sein lassen kannst wie er ist, anstatt ständig Liebesbeweise zu fordern.

Liebesbeweise

Die meisten von uns tragen Verletzungen durch unverarbeitete Erlebnisse aus der Vergangenheit im Herzen. Damit wir uns sicher und geliebt fühlen in einer Freundschaft oder Beziehung, müssen bestimmte (unbewusste) Rahmenbedingungen erfüllt sein. So haben wir Vorstellungen davon entwickelt, wie Liebe auszusehen hat. Das können Dinge sein wie zum Beispiel wie oft und wie wir in den Arm genommen werden müssen, wie oft wir angerufen werden wollen, wie oft wir ‚ich liebe dich' hören wollen, wie oft wir Sex haben müssen, wie oft wir Blumen oder andere Geschenke brauchen, usw.

Je genauer und detaillierter deine Erwartungen sind, desto größer ist die Wahrscheinlichkeit, dass du von der Realität enttäuscht sein wirst. Wer kann deine Ansprüche erfüllen?

Manchmal sabotieren wir unsere Beziehungen unbewusst indem wir immer höhere Anforderungen an den anderen stellen, um zu prüfen ob er auch diesen Anspruch erfüllt und uns damit seine Liebe beweist. Das tun wir, wenn wir insgeheim nicht daran glauben Liebe wirklich verdient zu haben.

Menschen drücken ihre Liebe auf verschiedene Art und Weise aus. Wenn zwei Menschen unterschiedliche Vorstellungen davon haben, wie Liebe aussieht und wie sie gelebt werden sollte, dann kann das zu Beziehungskonflikten führen.

Beziehungskonflikte

Konflikte in Beziehungen entstehen, wenn wir Abweichungen des Partners vom persönlichen Idealbild feststellen und versuchen ihn zum Erreichen dieses Ideals zu manipulieren. Ständige Kritik, die eigentlich ein Versuch der Manipulation ist, führt zu aggressiven Reaktionen oder zum Rückzug des Partners.

In der Anfangszeit, wenn wir verliebt sind, ist der andere perfekt.

Dann fangen wir an, unsere negativen Glaubensgrundsätze über die Liebe auszuagieren und zerstören die augenscheinliche Perfektion durch Konflikte und Unzufriedenheit. Dies kann sich in dem Drang zu streiten, kritisieren, urteilen oder zu attackieren äußern oder als Eifersucht, Besitzanspruch, Rückzug, durch emotionale Forderungen, Kontrolle sowie Manipulation. Und da es immer einfacher ist ‚Fehler' bei unserem Partner als bei uns selbst festzustellen, tendieren wir dazu dem anderen die Schuld zu geben. So rächen wir uns unbewusst für den Schmerz, der uns in unserer Vergangenheit (Kindheit) zugefügt wurde.

Wenn du akzeptieren kannst, dass deine Beziehung nicht dazu da ist dich glücklich zu machen, sondern, um dich bewusst werden zu lassen, dann kannst du Heilung durch sie erfahren, indem du deine beschränkenden Denkmuster erkennst. Hältst du allerdings an deinen alten Glaubensgrundsätzen über die Liebe fest, wirst du noch mehr emotionalen Schmerz und Verwirrung in einer Beziehung erfahren.

Die Alternative dazu ist, die entstandenen Gefühle zu beobachten anstatt sich damit zu identifizieren. Das erfordert Bewusstsein und liebevolle Präsenz, zu dir selbst und deinem Partner. Dementsprechend kann das zwanghafte Verhalten aufgelöst und die Gefühle können auf eine angemessene Art und Weise mitgeteilt werden. Dadurch bekommt dein Partner die Chance auch bewusst zu werden. Liebende Präsenz erlaubt anderen Leuten so zu sein wie sie sind. Veränderung von Situationen und Transformation von Gefühlen kann dann geschehen, wenn du vollständig in der liebenden Präsenz bist.

Drücke deine Gefühle aus, sobald eine Reaktion hoch kommt. Unausgedrückte Gefühle lassen Wunden entstehen. Lerne zu sagen was du fühlst ohne Schuld zuzuweisen. Lerne zuzuhören ohne dich verteidigen zu wollen. Wenn du dies mit deinem Partner praktizierst, dann kann dein Partner nicht unbewusst bleiben.

Gebe dem anderen wirklich Aufmerksamkeit und Raum zu sein. Wenn du zuhörst, dann vollständig, fühle, welche Reaktionen das in dir auslöst. Das ist das wertvollste Geschenk, das du einem anderen geben kannst. Die meisten wissen nicht wie das ist, weil das Denken so Platz beansprucht und sie nicht fühlen wollen.

Was für Waffen setzt du ein, damit sich jemand schuldig fühlt?

Wenn wir unsere negativen Denkmuster ausagieren, schaffen wir schmerzhafte Situationen in unserem Leben und in unseren Beziehungen. Aus negativen Gedanken entstehen schmerzhafte Gefühle. Identifizieren wir uns mit diesen, handeln wir zerstörerisch. Wenn wir uns angegriffen, getroffen oder verletzt fühlen, dann greifen wir zu verschiedenen Mitteln um uns zu wehren. Dies können Streit, Härte, Liebesentzug, Verständnis, Liebe, Distanz, Schweigen, Schuldzuweisung, Verführung, Sex, Depressionen sowie Krankheiten sein. Diese Strategien setzen wir oft bei Angst und Hilflosigkeit ein, aber auch aus Vergeltung und Rache.

Die Alternative dazu ist ein direktes, offenes Gespräch, in dem du mitteilst wie du dich fühlst und sagst, was du willst. Zwei Menschen können unterschiedliche Gedanken haben! Erst wenn du dich nicht mehr verletzbar fühlst, kannst du deine Waffen ablegen.

Wertschätzung

Eigenschaften, die wir bei anderen ablehnen, lehnen wir auch bei uns ab und werden zu dem, was wir ablehnen. Wenn wir unseren Partner nur genau unter die Lupe nehmen werden wir feststellen, dass er allerhand Mängel aufzuweisen hat. Schließlich können wir uns felsenfest davon überzeugen, dass er sich unbedingt einer Therapie unterziehen muss um für uns funktionsfähig und liebenswert zu sein. Wie auch immer sich eine Person in einer gegebenen Situation verhält: es ist die beste Art und Weise, die sie zur Verfügung hat.

Um Schwierigkeiten in einer Freundschaft oder Beziehung aufzulösen, müssen wir sowohl unsere Wahrnehmung von uns selbst, als auch vom anderen verändern. Dieser Prozess geschieht schrittweise und betrifft unsere innere Haltung, das, was wir bisher als Realität gesehen haben.

Deine Beziehung wird sich solange nicht verändern, bis du bereit bist an deiner Wahrnehmung zu arbeiten. Ist der andere wirklich darauf aus dich zu verletzen? Versuche eine andere Perspektive zu der Situation einzunehmen, die Reaktionen des anderen zu verstehen und sei bereit das Beste anzunehmen. Schließlich liebst du ihn. Öffne dein Herz und überlege, was du zu den Schwierigkeiten beigetragen hast. Sieh den anderen als den Menschen, der er ist, mit allen Unzulänglichkeiten und Schwächen. Keiner ist perfekt. Auch du nicht. Vergib dir und deinem Schatz die Fehler, die gemacht wurden. Erst wenn wir vergeben, können wir aus unseren Erfahrungen lernen und dann besser handeln. Es ist eine Kunst die Schwachstellen beim Partner zu sehen, zu akzeptieren und vor allem nicht persönlich zu nehmen! Versuche doch einmal diese Eigenschaften ‚süß' zu finden und reagiere liebevoll.

Für die Selbstreflektion

Wie möchtest du von deinem Partner betrachtet werden? Bist du bereit dasselbe für ihn zu tun?

Nimm dir jeden Tag 10 Minuten Zeit, an die besonderen Qualitäten deines Partners zu denken, Dinge für die du dankbar bist. Die Kleinigkeiten, die er für dich erledigt hat, die Umarmung, das Lächeln, die Geborgenheit, die er dir schenkt, die finanzielle Sicherheit, etc.

Führe ein Gespräch mit deinem Partner oder Freunden über das Thema: ‚Was brauchst du, damit du dich in einer Beziehung geliebt fühlst?'. Dazu fällt jedem etwas ein. Du kannst diese Übung auch alleine machen und dich selber fragen: ‚Was brauche ich, damit ich mich geliebt fühle?' Lasse deine Gedanken schweifen und werde kreativ. Teile deinem Partner mit, was du herausgefunden hast. Rege ihn an, dasselbe zu tun. Vergleicht eure Ergebnisse.

PS. Es reicht natürlich nicht nur über diese Dinge zu sprechen. Setzt die neuen Erkenntnisse in die Tat um. Macht einen ‚Wettbewerb' daraus. Gebt euch so viele von diesen Dingen wie möglich.

Denke daran ‚Danke' oder ‚Ich liebe dich' zu sagen und den anderen in den Arm zu nehmen, wenn er sich offensichtlich bemüht dir etwas zu geben, was du brauchst!

Dinge, die wir brauchen, um uns geliebt zu fühlen:

Komplimente, regelmäßige Telefonanrufe oder sms, kleine Zettel mit lieben Gedanken unter dem Kopfkissen, das Lieblingsessen auf dem Tisch, in den Arm genommen zu werden, ‚Ich liebe dich' zu hören, Blumen, kleine Aufmerksamkeiten, Dankbarkeit, usw.

Schwierigkeiten in der Beziehung lösen

Gute Partnerschaften beruhen auf gegenseitigem Vertrauen, Respekt und Akzeptanz. Sie erfüllen bestimmte Grundbedürfnisse, die wir haben. Solche wie Freundschaft, Liebe, die gegeben und empfangen wird, Verständnis und Bewunderung. Außerdem müssen wir die Bereitschaft mitbringen Verletzlichkeit zu zeigen. Sagen, was uns verletzt und wie wir uns fühlen, wenn etwas passiert. Schließlich wissen wir jetzt ja, dass der andere auch Gefühle hat und unsere nicht mit Absicht verletzt. Gemeinsam können wir mehr erreichen als alleine. Oft stehen wir uns selbst im Weg und verhindern liebevolle Beziehungen, weil wir der Angst erlauben unsere Gedanken und Verhaltensweisen zu beeinflussen.

Je mehr du in der Lage bist, deine Angst mit Selbstwertgefühl, Liebe und Verständnis für den anderen zu ersetzen, desto objektiver kannst du eure Probleme erkennen. Nur wenn du grundsätzlich bereit bist allein zu sein und dich mit dir selbst auseinanderzusetzen, wird deine Liebesfähigkeit stärker. Erst wenn du Zufriedenheit und Glück in dir gefunden hast, kannst du auch in Beziehungen Glück finden. Niemand ist in der Lage dich glücklich zu machen. Nur du selbst.

Für die Selbstreflektion

Untersuche deine Bedürfnisse und Erwartungen an deine Beziehung. Frage dich bei Schwierigkeiten:

- ☯ Möchtest du wirklich eine bessere Beziehung herstellen oder suchst nach einem Weg den anderen zu manipulieren oder ihm eins auszuwischen?
- ☯ Vermeidest du den anderen? Bist du sauer, wütend und kampflustig?
- ☯ Fühlst du dich machtlos, hilflos und unterlegen?

Wie redest du mit deinem Schatz, wenn ihr Schwierigkeiten habt? Wie antwortet er? Ist einer von euch verletzt, wütend oder ängstlich? Wie kannst du – trotz der Schwierigkeiten – mit ihm sprechen, so dass der andere verständnis- und liebevoll reagiert? Kannst du dem anderen verständnisvoller begegnen? Hat einer von euch unrealistische Erwartungen an den anderen? Wie wäre dein Leben ohne deinen Schatz? Wie wäre sein Leben ohne dich? Was verbindet euch? Gibt es ein ganz bestimmtes Problem zwischen euch, dass immer wieder Spannungen auslöst? Kannst du dir eine konstruktive Lösung zu diesem Problem vorstellen? Wie sieht sie aus?

Trennung

Wenn es schmerzhafter geworden ist, in einer Beziehung zu bleiben als sich zu trennen, dann trennen wir uns. Oft bleiben Gefühle der Unzulänglichkeit und des Versagens zurück oder Befürchtungen nie wieder so zu lieben, wenn eine Beziehung gescheitert ist.

Manchmal wird der Ex-Partner nach der Trennung idealisiert. Schuldgefühle entstehen, wenn du dir die gesamte Verantwortung für das Scheitern der Beziehung gibst und denkst, dass du die Liebe deines Lebens verloren hast, weil du etwas nicht richtig gemacht hast oder besser hättest machen können. Bei derartigen Gedanken muss es dir schlecht gehen! Oftmals ist es gut den ehemaligen Partner nach einiger Zeit wieder zu sehen, da erst dann auffällt, dass die Trennung richtig war oder man auch wieder zu einander finden kann, wenn es stimmig ist. Nach einer Trennung ist es wichtig darüber nachzudenken, was man selbst zu dem Scheitern dieser Beziehung beigetragen hat.

In der ersten Phase nach der Trennung ist es sehr leicht, wütend auf den Partner zu sein und du findest sicherlich genügend Gründe für deine Gefühle. Und natürlich gehört zu jeder vernünftigen Trauerarbeit auch die Wut. Aber wenn du in der Wut stecken bleibst, hast du die Opferrolle angenommen. Auf diese Weise verhinderst du, deinen Teil der Verantwortung für das Scheitern der Beziehung zu übernehmen und versäumst so eine Chance dich weiterzuentwickeln.

Nur wenn du den Schmerz deiner eigenen Verantwortlichkeit für die Trennung übernimmst, hast du die Möglichkeit, dich das nächste Mal anders zu verhalten. Wut und Ungerechtigkeitsgefühle verschließen dein Herz und hindern dich daran dich jemand neuem zu öffnen und vor allem, andere Erfahrungen zu machen. Unverarbeitete Gefühle werden als Ballast mit in die nächste Beziehung getragen, weil dadurch vorhandene Glaubensmuster gestärkt werden. Aus Angst, wieder das Opfer unvermeidlicher Umstände zu werden, bist du dann noch vorsichtiger, stellst mehr Forderungen und willst unmögliche Liebesbeweise, um dich vor neuem Schmerz zu schützen.

Das belastet natürlich den neuen Partner und die neue Beziehung und führt zu einem Teufelskreis. Befrei dich daraus, übernimm Verantwortung für die Dinge, die nicht so gelaufen sind wie du dir das vorgestellt hast.

Bemühe dich, sie das nächste Mal anders zu handhaben. Und ganz wichtig: Verzeih dir dafür, dass du nicht alles richtig gemacht hast, nicht perfekt warst und zum Scheitern dieser Beziehung beigetragen hast. Lass die Schuldgefühle, deine Erinnerungen und deine Vergangenheit los. Du bist ein Mensch, hast manchmal sehr menschliche Gefühle und lernst immer noch dazu. Wenn du Erfüllung und Zufriedenheit in dir gefunden hast wirst du leicht eine erfüllte Partnerschaft anziehen.

Kapitel VII

Befreie dich von emotionalem Schmerz

Prophylaxe und Rettung

Inzwischen haben wir gelernt, dass unsere Gefühle von unseren Denkmustern bestimmt werden. Allerdings spielt auch unsere jeweilige Tagesverfassung eine wichtige Rolle dabei, wie wir auf Gegebenheiten reagieren. Diese Tagesverfassung können wir durch unseren Lebensstil beeinflussen. Die Energie, die wir durch Beruf, Stress, Sorgen oder Auseinandersetzungen mit den Kindern im Laufe des Tages verausgaben, muss wieder aufgefüllt werden. Geschieht dies nicht, dann fehlt uns Kraft, die Nerven liegen blank, wir werden empfindlich und geraten schnell in eine schlechte Stimmung. Wir können unsere Gemütsverfassung stabilisieren, indem wir für uns sorgen. Vorbeugende Maßnahmen sind ausreichend Schlaf, eine ausgewogene Ernährung, körperliche Bewegung, positive Erlebnisse und Meditation. Sie unterstützen gute Laune und helfen uns Situationen positiver zu beurteilen.

Haben wir uns durch das, was uns in unseren Leben begegnet, schon in eine schlechte Verfassung gebracht, brauchen wir einen Rettungsplan. Denn wenn uns starke unangenehme Gefühle überwältigen, fühlen wir uns leicht hilflos, panisch oder verzweifelt und wissen nicht, wie wir damit umgehen sollen. In dem folgenden Kapitel werden verschiedene Strategien vorgestellt, die dabei helfen schmerzhafte Emotionen zu transformieren. In verschiedenen Situationen können unterschiedliche Techniken hilfreich sein. Probiere aus, was dir persönlich bei welchem Gefühl am Besten hilft.

Vom Denken zum Fühlen

Wir sehnen uns alle nach Liebe und Erfüllung, möchten lieben und geliebt werden. Das, was dem im Wege steht, sind unsere eigenen Ängste, Sorgen und Zweifel. Eigentlich hat der Intellekt die Funktion Aufgaben zu erledigen und uns vor schmerzhaften Erfahrungen zu schützen. Ist er allerdings übermäßig aktiv, was sich in Form von ständigem Nachdenken äußert, hält er nicht nur unsere Denkmuster aufrecht, sondern betrügt uns außerdem um ein erfülltes Leben.

Denn die meisten Gedanken wiederholen sich und sind deswegen nicht nur überflüssig, sondern auch aufgrund ihrer Negativität schädigend. Damit wir über den Verstand hinausgehen und uns mit einer tieferen Realität unseres Seins verbinden können, müssen wir präsent, das heißt vollkommen aufmerksam in der Gegenwart sein. Das bedeutet zum Zeugen unserer Gedanken und Emotionen zu werden und sie uns bewusst anzuschauen, statt uns mit ihnen zu identifizieren.

Dann können wir Gedanken an uns vorbeiziehen lassen und sie wahrnehmen als ‚einfach ein Gedanke'. Das Gleiche gilt für Gefühle. In der Zeugenposition sind wir in der Lage unsere Lebenssituationen wie einen Kinofilm anzuschauen und reagieren nicht mehr auf der Basis unserer alten Wunden. So wie wir auch im Kino bei einer Schießerei nicht aufspringen und zurückschießen.

Das alltägliche Bewusstsein der meisten Menschen ist geprägt von Gedankenprozessen, Gefühlen, Abneigungen, Sehnsüchten und Reaktionen. Dadurch haben wir eine Art kontinuierliches Hintergrundgeräusch, das uns im Alltag beeinflusst. In diesem Zustand werden wir von den Konditionierungen des Verstandes (Ego) bestimmt. Das bedeutet nicht unbedingt Schmerz oder Unglück, aber führt oft zu Schwere, Unzufriedenheit, Langeweile und innerer Unruhe.

Weil dies so normal ist, wird es meistens nicht wahrgenommen. Viele benutzen Alkohol, Drogen, Sex, Essen, Arbeit, Fernsehen oder Einkaufen als unbewussten Versuch, den überaktiven Verstand zum Schweigen zu bringen.

Die Unzufriedenheit des ‚normalen' Bewusstseins verwandelt sich dann in akuten Schmerz und Leiden, wenn der Intellekt eine reale oder eingebildete Bedrohung, wie beispielsweise einen Beziehungskonflikt, wahrnimmt. Dann produziert er intensive, schmerzhafte Gefühle, weil er glaubt, dass er dadurch die Geschehnisse manipulieren kann, wünschenswerte Situationen anziehen oder unerwünschte auflösen.

Da negative Denkmuster negative Empfindungen verursachen, beobachte, ob du an einem solchen Glaubensgrundsatz festhältst und dadurch Angst, Selbstmitleid oder Ärger hervorrufst. Jedes unangenehme Gefühl, das du bewusst wahrnimmst wird sich schnell verwandeln und verschwinden.

Die Aufmerksamkeit, die du ihm schenkst, wird verhindern, dass es zu destruktiven Gedanken und Handlungen führt. Dabei ist es wichtig das Augenmerk auf deine Gefühle zu richten und nicht auf die Situation oder Person, die sie scheinbar verursachen.

Wenn du komplett vertraust – dir selbst, dem Leben, anderen Menschen – dann befindest du dich in einem Zustand liebevoller Präsenz. Dazu brauchst du Hingabe, Offenheit dafür, das Leben zu akzeptieren, wie es ist, statt ihm zu widerstehen und den Willen alle Dinge zu lieben. Legst du ausgediente Konzepte (Interpretationen) ab und nimmst Situationen und andere Menschen an als das, was sie sind, dann macht dich das immun gegen emotionalen Schmerz. Ganze Aufmerksamkeit erfordert ganze Akzeptanz dessen, was ist. Ohne urteilen oder verändern zu wollen.

Je mehr du dich gegen das sträubst ‚was ist', desto schmerzhafter und leidvoller wird deine Erfahrung. Das, was du ablehnst, bleibt bestehen, allein durch die Energie, die du in die Ablehnung steckst. Wenn dir das, was ist, nicht gefällt, ziehe es nicht als Auslöser für die Entwertung deiner Selbst heran, sondern benutze es stattdessen als Kurskorrektur für das Ergebnis, das du dir wünschst.

Wenn du willst, dass deine Absichten sich verwirklichen, dann besteht deine Aufgabe darin vollständig wach und aufmerksam in der Gegenwart, das heißt geistesgegenwärtig zu sein. Zu jedem Zeitpunkt hast du die feie Wahl wie du mit dem, was ist, umgehen willst. Liebe es, verlasse es, wähle es oder verändere es. Um etwas zu verlassen, musst du es zunächst lieben. Du kannst nur etwas Neues beginnen, wenn das Alte für dich komplett ist. Erst eine Trennung in Liebe ermöglicht einen wirklichen Neuanfang. Ansonsten wirst du wiederholen, was du schon kennst. Das gilt für den Arbeitsplatzwechsel genauso wie für einen neuen Partner.

Bist du bewusst, haben schmerzhafte Gefühle nur eine kurze Lebensdauer. Bist du es nicht, dann können sie über Wochen oder Monate in deinem Körper verweilen, sich mit anderen, ähnlichen Emotionen vereinen und den emotionalen Schmerz intensivieren und Krankheiten verursachen.

Keiner wählt Konflikt oder Schmerz. Unangenehme Situationen und Gefühle entstehen, wenn wir nicht präsent genug sind, um unsere Vergangenheit aufzulösen. Der konditionierte Verstand ruiniert unser Leben. Wenn wir noch wütend auf jemanden aus unserer Vergangenheit sind (Eltern oder einen Ex-Partner), für irgendetwas was sie getan oder nicht getan haben, dann glauben wir immer noch, dass sie eine Wahlmöglichkeit hatten – aber das ist eine Illusion.

Solange jemand nicht bewusst ist, hat er keine Wahl sich anders zu verhalten. Eine Wahlmöglichkeit entsteht erst in dem Moment, wo wir uns von der Identifikation mit dem Verstand und seinen konditionierten Mustern lösen und präsent werden. Wenn wir uns nicht mehr mit unserem Intellekt identifizieren und bewusst werden, brauchen wir keine Vergangenheit mehr für unsere Identität und keine Zukunft für unsere Erfüllung. Dann können wir erfüllt in der Gegenwart leben. Erfüllung existiert nur in der Gegenwart.

Viele Menschen leben entweder in der Vergangenheit oder in der Zukunft, die wenigsten sind präsent. Du lebst in der Vergangenheit, wenn du deine Kindheit für deine heutigen Probleme verantwortlich machst oder das Leben früher besser war. Du lebst in der Zukunft, wenn du dir Sorgen machst oder auf bessere Zeiten wartest. Manche Leute warten ihr ganzes Leben lang darauf endlich zu leben.

Das Warten auf den besseren Job, den nächsten Urlaub, auf die wahre Beziehung, auf Erfolg, Anerkennung oder Geld hört nie auf. Du kannst das verändern, indem du dir die Gegenwart bewusst machst und den Moment genießt.

Im Zustand der Präsenz, des ‚Nicht-Denkens', in dem das reine Bewusstsein existiert, du fühlst, aufmerksam bist und wahrnimmst, kannst du dich selbst erfahren. Wenn du präsent bist, erlebst du inneren Frieden. Je größer der Abstand zwischen einer Wahrnehmung und dem darauf folgenden Gedanken ist, desto bewusster bist du. Sinkt dein Bewusstsein unter ein bestimmtes Niveau, verlierst du die Zeugenposition der Präsenz, dein Verstand wird wieder überaktiv und das Hintergrundgeräusch kommt zurück. Dein innerer Frieden ist verschwunden. Je bewusster du bist, desto weniger kann Negativität dir anhaben. So wirst du Unstimmigkeiten auflösen und Schmerz heilen können. Ohne dass du dabei etwas Bestimmtes tun musst, einfach nur indem du ganz intensiv aufmerksam bist.

Der beste Indikator für dein Bewusstsein ist wie du den kleinen und großen Herausforderungen in deinem Leben begegnest. Durch sie wird die Normalperson noch bewusstloser und ein präsenter Mensch noch bewusster. Wenn du nicht in der Lage bist unter normalen Umständen aufmerksam zu sein, dann wirst du es erst recht nicht schaffen, wenn dir Probleme begegnen. Deswegen ist es ganz wichtig das bewusste Sein (Bewusstsein) zu trainieren, wenn alles in deinem Leben gut läuft.

Dann können Dinge, Menschen und Umstände, von denen du geglaubt hast, dass du sie für dein Glück brauchst, in dein Leben kommen ohne Kampf oder Bemühungen deinerseits. Dann hast du die Freiheit sie zu genießen solange sie da sind. All diese Dinge werden sich natürlich auch verändern, aber wenn die Abhängigkeit verschwunden ist, hast du keine Angst mehr vor Verlust und das Leben wird leicht.

Fokus

Inzwischen wissen wir, dass es zwei verschiedene Seinszustände gibt, die durch das bestimmt werden, was wir in unserem Leben sehen: Fülle oder Mangel. Da, wohin wir unseren Fokus richten, werden wir Beweise für unsere Annahme finden. Wie kann dieses Wissen jetzt genutzt werden, um schmerzhafte Gefühle zu verändern? Unangenehme Emotionen entstehen erst dann, wenn wir negative Schlussfolgerungen aus Situationen gezogen haben. Mit einem Mangel-Kontext sehen wir fehlende Liebe, Geldmangel und Menschen, die uns Schaden zufügen wollen. Das bedeutet, dass wir unsere Aufmerksamkeit auf das gerichtet haben, was in unserem Leben nicht stimmt. Und natürlich verursacht eine solche Bestandaufnahme emotionalen Schmerz. Um das zu verändern, können wir uns bewusst dazu entscheiden unseren Fokus stattdessen auf die guten Dinge in unserem Leben zu lenken.

Das hilft uns Erlebnisse positiv zu betrachten, unseren Kontext in Fülle zu verwandeln und so unangenehme Gefühle zu transformieren. Die Aufmerksamkeit auf die positiven Aspekte zu richten bedeutet, die Handlungsmotive anderer Menschen liebevoll zu betrachten und ein Leben voller Möglichkeiten zu sehen. Dadurch verändern sich auch unsere Gefühle zu den Situationen.

Wohin richtest du deinen Fokus? Erinnerst du dich an deine schönen Momente, deine Erfolge, deine freudigen Erlebnisse? Oder konzentrierst du deine Aufmerksamkeit auf die negativen Aspekte deines Lebens? Dahin, wo etwas noch nicht ganz perfekt ist? Das, worauf du dich konzentrierst, verstärkt sich. Was willst du in deinem Leben? Glück oder Schmerz?

Eine Veränderung des Fokus' erfordert Disziplin und Aufmerksamkeit. Dein Verstand ist es gewohnt in altvertrauten, aber limitierenden Bahnen zu denken und es braucht Zeit ihn daran zu gewöhnen, dass sich das jetzt verändert hat.

Wenn etwas in deinem Leben nicht stimmig ist, dann konzentriere dich auf Lösungen. Der Verstand hat die hervorragende Eigenschaft Probleme zu lösen.

Wenn du dir eine Frage stellst, wirst du darauf eine klare Antwort bekommen. Wenn du dich beispielsweise fragst warum ausgerechnet dir immer schreckliche Dinge passieren, findest du viele wunderbare Erklärungen dafür, warum das so ist. Allerdings weißt du dann immer noch nicht, wie du das ändern kannst. Das funktioniert auch andersherum. Finde zur Klarheit und konzentriere dich auf das, was du willst und überlege, wie du das erreichen kannst.

Für die Selbstreflektion

- ☯ Mach dir deine eigenen negativen Selbstgespräche bewusst.
- ☯ Stelle deine negativen Schlussfolgerungen und Zweifel in Frage.

- Verändere deine Interpretation, indem du das Beste annimmst.
- Konzentriere dich auf harmonische Lösungen für deine Probleme.
- Erstelle einen Aktionsplan für deine Lösung und folge ihm.

Denkmuster verändern

‚Die bedeutenden Probleme, mit denen wir konfrontiert werden, können nicht auf demselben Denkniveau gelöst werden, auf dem wir waren, als wir sie erschaffen haben.'
Albert Einstein

Wenn dir deine negativen Denkmuster bewusst sind, dann hast du die Möglichkeit dich dazu zu entschließen sie zu verändern. Jedesmal dann, wenn das Leben dich mit Umständen herausfordert, die deine ‚typischen Theorien' aktivieren und Schmerz in dir verursachen, hast du die Möglichkeit anzuhalten und dich für eine andere Interpretation zu entscheiden. Verändere deine Glaubensgrundsätze und wähle das Gegenteil von dem, was du bisher angenommen hast. Suche von jetzt an Bestätigung für deine neuen Annahmen in den Situationen, die du erlebst.

Ich bin nicht liebenswert
Ich werde geliebt und geschätzt, ich kann die Liebe, die schon in meinem Leben ist, erkennen. Ich liebe und schätze mich selbst.

Ich bin nicht gut genug
Ich gebe immer das Beste, was mir möglich ist, dabei brauche ich nicht perfekt zu sein. Ich darf Fehler machen, ich erkenne meine Erfolge, ich liebe und respektiere mich, ich werde so geliebt, wie ich bin, für Liebe muss ich nichts leisten, Liebe ist in meinem Leben.

Ich bin was Besseres
Alle Menschen sind gleichwertig, ich habe Stärken und Schwächen, jeder Mensch hat etwas zu geben, es ist schön, Nähe zu anderen zu fühlen.

Ich bin machtlos
Ich trage die Verantwortung für mein Leben und meine Gefühle, ich erkenne die Möglichkeiten und Chancen in meinem Leben, es steht mir frei mich auszudrücken und zu handeln.

Ich kann niemandem vertrauen
Ich erkenne das Gute in anderen Menschen, ich vertraue darauf mit allen Lebenssituationen angemessen umgehen zu können, ich vertraue mir.

Liebe
Liebe hat die Kraft zu vergeben, wahre Liebe ist ein schönes Gefühl, ich gehe das ganze Risiko ein, anderen meine Liebe offen zu zeigen, ich nehme Liebe, die mir gegeben wird, vollkommen an, alle Menschen wollen lieben und geliebt werden, Liebe ist Ekstase, Liebe erfüllt mich, ich bin Liebe.

Dein Männerbild
Männer haben auch Gefühle und sind verletzlich, Männer sehnen sich auch nach Liebe, Männer sind vertrauenswürdig, Andersartigkeit bereichert und inspiriert, ich vergebe meinem Vater dafür nicht perfekt gewesen zu sein, ich liebe meinen Vater, ich liebe Männer.

Dein Frauenbild
Frauen haben auch Gefühle und sind verletzlich, Frauen sind vertrauenswürdig, Frauen sehnen sich auch nach Liebe, Andersartigkeit bereichert, ich vergebe meiner Mutter dafür nicht perfekt gewesen zu sein, ich liebe meine Mutter, ich liebe Frauen.

Das Leben
Das Leben ist Freude, Glück, Erfüllung, Ekstase, leicht, beschwingt, voller Abenteuer und freudiger Überraschungen. Ich kann mich frei erfahren im Leben, alle meine Wünsche sind erfüllt.

Sei geduldig mit dir, denn Konditionierungen, die schon dein ganzes Leben lang vorhanden sind, lassen sich nicht von heute auf morgen verändern. Es kann passieren, dass du in Stresssituationen ab und zu dein Bewusstsein wieder verlierst und emotional reagierst.

Von der Opferrolle zur Eigenverantwortung

Eigenverantwortung bedeutet aufzuhören andere Leute für die eigene Lebenssituation verantwortlich zu machen und dich damit aus der Opferrolle zu befreien. In dem Moment, wo du diese Rolle ablegst, übernimmst du die Verantwortung für dein Leben und setzt dich auf den Fahrersitz, d.h. du kannst bestimmen, wohin du fährst. Du kannst dich dann darauf konzentrieren, was du ändern kannst, damit dein Leben so ist wie du es dir wünschst.

Übernimm Verantwortung in allen Bereichen deines Lebens für:

- deinen Körper
- deine Gesundheit
- deine finanzielle Situation
- deine Gefühle
- deine Entscheidungen
- deine Aktionen und Handlungen
- deine Lebensziele
- dein Glück

Eigenverantwortung lässt dich in deine Kraft kommen.

Entscheidungen treffen

Alle Entscheidungen, die wir treffen, sind von Gefühlen beeinflusst, entweder versuchen wir schmerzhafte zu vermeiden oder schöne zu erleben. Die Motivation unangenehmen Emotionen aus dem Weg zu gehen ist größer als die, angenehme zu fühlen.

In manchen Situationen ist es nicht so einfach sich zu entscheiden. Vielleicht ist nicht eindeutig, zu welchen Resultaten eine Entscheidung führt oder du bist dir unsicher, ob dir das Ergebnis auch gefallen wird. Hast du große Angst davor dich ‚falsch' zu entscheiden oder noch nicht genügend Informationen, vermeidest du es Entscheidungen zu treffen. Dein Verstand möchte dich davor bewahren, Schmerzen in irgendeiner Form zu erleben, deswegen erinnert er dich an deine alten Erfahrungen und Glaubensgrundsätze und führt interne Diskussionen. Dies macht sich durch Gedankengänge wie ‚Ja aber…', ‚Das geht nicht', ‚Das kann ich nicht', ‚Dafür habe ich kein Geld', Ich wünschte ich könnte, aber…', ‚Ich möchte, aber…' bemerkbar.

Bedenke bei deiner Entscheidung, dass die Vergangenheit nicht unbedingt der Gegenwart gleichen muss. Wenn du Entscheidungen aus dem Weg gehst, entstehen Verwirrung und Chaos in dir und um dich herum. Manchmal muss man die verschiedenen Möglichkeiten einfach ausprobieren. Es ist immer besser sich ‚falsch' zu entscheiden, als es ganz zu vermeiden, denn es gibt keine falschen Entscheidungen, sondern nur Erfahrungen, von denen du lernen kannst.

Eigentlich weißt du tief in deinem Innersten immer ganz genau, was du willst, traust dich oft aber nicht, das, was du willst, auch in die Realität umzusetzen. Und die Lösung? Stell dir folgende Fragen: Wenn es keine Komplikationen geben, es nicht wehtun würde, welche Entscheidung würdest du dann treffen? Was ist dein tiefster Herzenswunsch?

Habe den Mut deinem Herzen zu folgen, denn es kennt immer die Antwort. Entscheide dich einfach und vertraue darauf, dass du in der Lage bist mit den Konsequenzen umzugehen. Dein Kopf versucht ‚vernünftig' zu sein und die Dinge zu analysieren. Die Angst lässt dich nach vermeintlichen Sicherheiten suchen und hält sich dabei an den ‚Fakten' fest. In diesen Fällen triffst du ‚logische' Entscheidungen und nicht solche, die dich gut fühlen lassen. Wobei immer ein bisschen von beidem mit in deine Entscheidungen einbezogen werden sollte.

Für die Selbstreflektion

Überlege dir deine ‚Traum-Lösung' für deinen Konflikt. Was würdest du machen, wenn du die freie Wahl hättest? Wenn du sicher wärst, dass nichts schief gehen kann? Welche Entscheidung würdest du treffen, wenn du kein schlechtes Gewissen haben müsstest? Wenn du auf niemanden Rücksicht nehmen müsstest? Wenn deine Entscheidung niemanden (auch dir nicht) wehtun würde? Zu welchen Resultaten führt diese Entscheidung? Und wie wird sie deine Lebensziele beeinflussen? Trägt sie dazu bei, dass du deinen Zielen näher kommst oder dich davon entfernst?

Wenn du deine ‚Traum-Lösung' gefunden hast, dann zeigt sich das durch ein schönes Gefühl, Freude und Sehnsucht nach genau dieser Lebenssituation. Die Wahrheit ist: du kannst so leben, es ist deine Entscheidung!

Du bist für die Gefühle anderer Menschen nicht verantwortlich. Du kannst sie weder glücklich machen, noch traurig. Letzten Endes bist du nur für dich selbst verantwortlich. Wagst du es jemanden anderes zu enttäuschen, um dir selbst treu zu bleiben?

Nun musst du nur noch den Mut haben, diese Lösung in deinem Leben umzusetzen. Sei dir bewusst, dass du jederzeit die Möglichkeit hast eine neue Wahl zu treffen, wenn dir das Ergebnis deiner Entscheidung nicht gefällt. Habe den Mut dein Leben so zu leben, dass du glücklich bist.

Wenn du keine Entscheidung getroffen hast, dann lege entweder einen Termin fest, wann du dich entscheiden möchtest oder entschließe dich dazu dich nicht zu entscheiden.

- ☯ Besorge alle Informationen, die du bekommen kannst.
- ☯ Nehme dir alle Zeit, die du brauchst um eine Entscheidung zu treffen.
- ☯ Entscheide dich für das, was dich glücklich macht, dann wird das Universum dich mit passenden Gelegenheiten unterstützen.

Klarheit

Um deine persönlichen oder auch beruflichen Ziele zu erreichen, brauchst du Klarheit, über das, was du genau möchtest, und das Vertrauen in deine Fähigkeiten diese Absichten zu verwirklichen und entsprechend zu handeln. Angemessene Handlungen erfordern Präsenz und Wachheit im Hier und Jetzt, denn in dem Moment, wo du Situationen interpretierst, verursachst du starke Emotionen in dir, die dich von effektivem Denken und Handeln abhalten und so deinen Erfolg blockieren. In totaler Präsenz bist du in der Lage Situationen neutral zu erfassen, flexibel zu sein, deine Intuition zu spüren und ihr zu folgen, sodass deine Wünsche sich verwirklichen können.

Für die Selbstreflektion

Du hast alles in dir, was du brauchst, um alles zu erreichen, was du dir erträumst.

Was genau ist deine Absicht? Was genau möchtest du?

Umsetzung

Organisation schafft Klarheit in deinem Handeln und befreit dich so von unnötigen Gedanken und Problemen. Wenn du dich gut organisierst, dann hast du mehr Freiraum dein Leben zu genießen – ganz ohne schlechtes Gewissen, denn alle Dinge sind erledigt oder haben einen festgelegten Zeitplan.

Für die Selbstreflektion

- ☯ Mach eine Liste von allen Dingen, die du erledigen musst. Unterscheide dann, was wichtig ist und was warten kann.
- ☯ Schreibe eine neue Liste, beginne mit den wichtigsten Dingen zuerst und lass die weniger wichtigen folgen. Setze Prioritäten.
- ☯ Überlege wie viel Zeit du brauchst, um die wichtigen Dinge zu erledigen. Erledige die Dinge, die am schnellsten gehen zuerst. Das gibt dir ein direktes Erfolgserlebnis und hält dir den Rücken frei für die etwas langwierigeren wichtigen Dinge.
- ☯ Lege einen Zeitpunkt fest, zu dem du die unwichtigen Dinge erledigen wirst. Denn sonst werden die unwichtigen Dinge ganz schnell wichtige Dinge!
- ☯ Entwirf einen Zeitplan für langfristige Ziele und lege in kleinen Schritten fest, was du zu welchem Zeitpunkt geschafft haben möchtest.

Wie du das bekommst, was du willst - durch Ehrlichkeit

Ehrlichkeit bedeutet zunächst einmal ehrlich mit sich selbst zu sein, sich Gefühle einzugestehen und zu akzeptieren. Dann bedeutet es auch anderen gegenüber ehrlich zu sein, Gefühle zu zeigen und den Mut zur Verletzlichkeit zu haben. Ehrlichkeit ist eine absolute Voraussetzung für tiefe Freundschaften und Beziehungen. Durch sie wird Vertrauen geschaffen und wirkliche Nähe hergestellt.

Wenn wir Bedürfnisse und Sehnsüchte haben, Wut oder Trauer empfinden und das nicht ausdrücken, dann geht es uns schlecht. Das Nicht-Ausdrücken von Gefühlen entfernt uns von unserem Partner.

Offenheit ist nicht immer einfach, zumal wir oft gelernt haben, dass das Schmerz bedeutet. Sei es, weil wir in der Vergangenheit zurückgewiesen worden sind oder weil sich jemand lustig gemacht hat. Besonders wenn wir uns über etwas geärgert haben oder enttäuscht sind, fällt es uns schwer uns mitzuteilen. Wir verschweigen die Wahrheit, weil wir Angst vor der Reaktion des anderen haben, uns sowieso schon verletzlich fühlen und damit rechnen noch mehr verletzt zu werden.

Wir befürchten, dass der andere wütend wird, dass es einen Streit gibt oder dass wir verlassen werden, wenn wir ehrlich sind. Deswegen versuchen wir oft das, was wir wirklich empfinden, zu verstecken oder auf indirekte Weise zu erreichen, was wir eigentlich wollen. Meistens wird unsere Botschaft dann nicht verstanden und wir sind frustriert und fühlen uns ungeliebt.

Was dann passiert, ist eigentlich logisch: Die versteckten Gefühle sammeln sich an, bauen sich auf und explodieren eines Tages – es erfolgt eine riesige Auseinandersetzung. Oder aber wir verschließen unser Herz, entfernen uns innerlich von unserem Partner, stumpfen ihm gegenüber ab, wundern uns wo die Leidenschaft des Anfangs geblieben ist, sind gelangweilt oder unglücklich. Die einzige Vorsorge ist ehrlich zu sein und sich dem anderen mitzuteilen.

Kommunikation

Kommunikation ist ein erforderliches Werkzeug und die Grundlage für alle Freundschaften und Beziehungen. Ohne geht es nicht. Miteinander Reden ist notwendig, um sich kennen zu lernen, sich nah zu sein, Vertrauen aufzubauen, Missverständnisse aufzuklären, Probleme zu lösen und um zu sagen, was man sich wünscht.

Es gibt zwei Möglichkeiten Probleme zu lösen. Du kannst dich aufregen und ein Drama daraus machen, der Preis dafür ist Unglück. Oder du kannst dir überlegen, was getan werden muss. Direktheit beinhaltet das Risiko abgewiesen zu werden. Traust du dich deine Gefühle zu zeigen und auszusprechen, dann macht dich das weich.

Wenn du sie verbirgst, eskaliert die Situation irgendwann und du wirst hart oder passiv-aggressiv. Wenn nicht eindeutig und klar miteinander geredet wird, kommt es zu Missverständnissen und verletzten Gefühlen. Da du für deine Gefühle selbst verantwortlich bist, liegt es auch an dir für eine Klärung zu sorgen.

Dazu musst du natürlich auch einsehen, wie du zu den Konflikten beigetragen hast. Und sei es nur dadurch, dass du nicht ehrlich darüber gesprochen hast, wie es dir mit einer Situation wirklich geht. Wenn du etwas eigentlich nicht wolltest, aber dazu geschwiegen hast, hast du die Umstände mit verursacht und auch zu verantworten. Wenn du offen und ehrlich mit deinem Partner kommunizierst, dann ist es möglich Liebe, Vertrauen, Frieden, Spontanität, Ehrlichkeit und Fülle im Miteinander zu erleben.

Für die Selbstreflektion

Gehe in Kommunikation mit anderen, wenn du verletzt bist und sag anderen die Wahrheit, wie du dich fühlst. Natürlich geht es hier nicht darum, dem anderen Vorwürfe zu machen oder einen ‚Schuldigen' zu suchen. Verwandele deine Klagen in Wünsche und teile dich mit. Am Besten ist es, so genau wie möglich bei der Wahrheit zu bleiben.

Sag direkt, was los ist: ‚Als du gestern nicht angerufen hast, wie versprochen, habe ich ganz schön viele verschiedene Gefühle durchlebt. Erst war ich total wütend. Dann habe ich gemerkt, dass ich eigentlich Angst habe, dass ich dir nichts mehr bedeute und ich dich verlieren werde.'

Wenn du so offen und ehrlich bist ohne den anderen anzuklagen, dann erleichterst du es deinem Gegenüber genauso mit dir umzugehen und auch ehrlich zu sein. Dadurch werden die komischen Gefühle aufgelöst und es entstehen neue Nähe und Vertrautheit.

Bist du bereit das Risiko klarer Kommunikation mit deinem Partner einzugehen?

Vier Kommunikationsstile

Stil Nummer 1 - Passive Kommunikation
Dein Ziel ist es, jedermanns Liebling zu sein. Du möchtest, dass alle mit dir zufrieden sind, auch wenn es auf deine Kosten geht. Du versuchst deine Beziehungen unter allen Umständen aufrecht zu erhalten, deswegen möchtest du keine unangenehmen Gefühle in anderen hervorrufen und verschweigst oft deine eigenen Bedürfnisse. Daraus entsteht Frustration.

Stil Nummer 2 - Attackierende Kommunikation
Dein Ziel ist es, Recht zu haben. Du hast Angst übervorteilt zu werden und neigst schnell dazu andere zu beschuldigen. Du sprichst oft impulsiv und ohne darüber nachzudenken, was das Beste in einer Situation ist.

Stil Nummer 3 - Passiv-aggressive Kommunikation
Dein Ziel ist es, Ärger auszudrücken und trotzdem gemocht zu werden. Du stellst dein Recht ärgerlich zu sein in Frage und hast Angst, dass dein Ärger die Beziehung zerstört.

Stil Nummer 4 - Effektive Kommunikation
Dein Ziel ist gegenseitiger Respekt. Du fühlst, dass du ein Recht auf alle deine Gefühle hast. Du bist liebevoll zu anderen, aber das hält dich nicht davon ab, deine Gefühle auf angemessene Art und Weise auszudrücken. Selbst wenn du effektiv kommunizierst, erreichst du nicht immer das, was du dir wünschst, aber dieser Kommunikationsstil gibt dir auf jeden Fall die beste Chance.

Sieben Kommunikationskiller

Kommunikationskiller sind auch Nähekiller. Beides wird unter anderem durch folgende Verhaltensweisen zerstört.

Kommunikationskiller Nummer 1 - Recht haben

Wenn du bei einer Auseinandersetzung Recht haben willst, folgt daraus, dass du den anderen ins Unrecht setzt. Dadurch wird dein Gegenüber sich unverstanden fühlen.

Was du dagegen tun kannst: Entscheide dich bewusst dazu dem anderen zuzustimmen, ihn zu ermutigen und zu ermächtigen. Damit du dabei ehrlich bleiben kannst, musst du verstehen, welche Ziele der andere verfolgt, welche Absichten sich dahinter verstecken, welche Werte er hat und natürlich ein Interesse an Nähe haben.

Kommunikationskiller Nummer 2 – Rechtfertigen

Wenn du dazu neigst dich in Konflikten zu rechtfertigen, dann bedeutet das, dass du die Gefühle, die deine Handlungen beim anderen ausgelöst haben nicht anerkennen möchtest. Das entwertet die Empfindungen und Meinungen deines Konfliktpartners. Dadurch kann sich dein Gegenüber ungeliebt fühlen.

Stattdessen kannst du dich darauf konzentrieren Versprechen für die Zukunft zu initiieren und so Ergebnisse zu erzeugen. Mit dieser Veränderung befreist du dich auch aus der Opferhaltung.

Kommunikationskiller Nummer 3 – Urteilen
Wenn du dazu neigst, andere Menschen für ihr Verhalten zu verurteilen und damit abzulehnen, fühlen sie sich unverstanden und ungeliebt. Auch durch das Richten entwertest du dein Gegenüber.
Um das zu verändern, kannst du dich dazu entschließen die Position anderer wertzuschätzen, sie anzuerkennen, zu würdigen und zu ehren. Dafür solltest verstehen, welche Werte der andere hat.

Kommunikationskiller Nummer 4 – Klagen
Wenn du dich über Situationen zu beklagst, löst das Schuldgefühle bei anderen aus. Dadurch wird der Eindruck vermittelt, dass das, was der andere dir gibt nicht gut genug ist und dein Gegenüber kann sich unzureichend fühlen. Jammern heißt ‚Ich verhandele nicht!', damit verhinderst du konstruktive Lösungen.
Lerne deine Klagen in Wünsche oder Bitten zu verwandeln und fokussiere dich auf das, was du willst. Einen anderen Kläger kannst du stoppen, indem du ihn einfach fragst: ‚Mit welcher Absicht erzählst du mir das?'

Kommunikationskiller Nummer 5 – Dominieren
Wenn du in Auseinandersetzungen dazu neigst deine Meinung und deinen Willen durchsetzen, dann dominierst du andere. Dadurch wird dein Gegenüber unterdrückt. Er wird nicht gehört, seine Meinung entwertet und es kann dann Frustration entstehen. Um das zu vermeiden kannst du dich bewusst dazu entscheiden andere in ihrer Position zu unterstützen, mit ihnen zu kooperieren und nach Lösungen suchen, die die unterschiedlichen Standpunkte miteinander verschmelzen.

Kommunikationskiller Nummer 6 – Siegen

Wenn du dazu tendierst, bei einem Streit um jeden Preis siegen zu wollen, dann verliert der andere automatisch. Auch dieses Verhalten kann Frustration verursachen, dadurch dass der andere nicht Ernst genommen wird, seine Meinungen oder Wünsche nicht respektiert werden. Du kannst Nähe wiederherstellen, indem du in Auseinandersetzungen bewusst andere gewinnen lässt. In Beziehungen verlieren immer beide, sorge dafür, dass der andere gewinnt.

Kommunikationskiller Nummer 7 – Resignieren

Wenn du glaubst in Auseinandersetzungen nicht gehört oder nicht Ernst genommen zu werden, dann meinst du vielleicht, dass resignieren alles ist, was dir noch bleibt. Allerdings löst du mit dieser Haltung keine Konflikte. Resignation ist passive Verweigerung und damit kommt ein Konflikt zum Stillstand. So kannst du deine Frustration auch nicht zum Ausdruck bringen und auflösen.

Um Resignation zu verändern entschließe dich dazu dich hundertprozentig selbst auszudrücken, ganz mitzuspielen und das volle Risiko für deinen freien Ausdruck anzunehmen.

Fünf wichtige Kommunikationsregeln

Regel Nummer 1
Vor einem Gespräch solltest du darüber nachdenken, was du eigentlich erreichen willst. Sollt ihr euch näher kommen? Aussprechen? Versöhnen? Oder suchst du nach einem Weg dem anderen eins auszuwischen, wehzutun, ihn zu kontrollieren oder zu manipulieren? Erst wenn du dir über deine Motive klar bist, solltest du die Initiative zum Gespräch ergreifen. Halte dich dabei an bestimmte Regeln.

Regel Nummer 2
Sage niemals etwas mit der Absicht den anderen zu verletzen, sondern formuliere Dinge immer so, wie du sie gesagt bekommen möchtest. Manchmal haben wir starke Gefühle, von denen wir uns überwältigen lassen. Dann drücken wir uns auf eine Weise aus, die verletzend für andere sein kann. Es ist ratsam erst zu reden, wenn die Gefühle sich wieder beruhigt haben. Überlege dir genau, was und wie du es sagen willst. Stell dir vor, wie der andere reagiert. Wird er wütend werden? Sich verletzt fühlen? Gibt es vielleicht einen Weg deine Gefühle so mitzuteilen, dass dein Gegenüber positiver reagiert? Wie kannst du es formulieren?

Regel Nummer 3
Stelle Fragen bis du ganz genau verstanden hast, worum es geht. Wenn dich etwas, was der andere gesagt hat verletzt, dann frage wie er das gemeint hat. Es ist wichtig immer Fragen zu stellen, wenn du ein Verhalten oder eine Situation nicht ganz genau verstanden hast. Und zwar solange, bis für dich alles geklärt ist.

Regel Nummer 4
Lass den anderen ausreden und sei ein guter Zuhörer. Das gehört zur Kommunikation dazu und ist die Vorraussetzung für eine Verständigung miteinander. Wenn du etwas Wichtiges ausdrücken möchtest, dann bitte den anderen dir ohne Unterbrechung zuzuhören. Gib deinem Gesprächspartner die gleiche Chance.

Regel Nummer 5
Sei offen, ehrlich und direkt. Habe den Mut verletzlich zu sein und deine wahren Gefühle zu zeigen. Sage deinem Partner, was du dir wünschst. Wenn es dir wichtig ist jeden Tag angerufen zu werden, kannst du darum bitten oder vielleicht selbst die Initiative ergreifen und anrufen! Rede mit den Leuten, die dich verletzt haben ganz offen und ehrlich über deinen Schmerz und teile ihnen mit, wie du dich fühlst.
Wichtig: Vermeide Schuldzuweisungen, denn meistens ist anderen überhaupt nicht bewusst, dass sie dir wehgetan haben. Erinnere dich daran, dass du allein für deine Gefühle verantwortlich bist.

Vorbeugung von Drama

Ernährung

Im Westen wird die Qualität der Lebensmittel durch biochemische Analysen erfasst. Tiefkühlkost und Fertiggerichte mit chemischen Zusatzstoffen sind weit verbreitet. Aus Sicht der chinesischen Medizin enthält diese Art von Lebensmittel jedoch keine Lebenskraft mehr. Da Nahrungsmittel auch nicht auf die Konstitution des Einzelnen abgestimmt werden, kann es zu Nahrungsmittelunverträglichkeiten wie Völlegefühl, Blähungen oder Durchfall kommen. In China dagegen wird nicht nur Wert auf Frische und Echtheit der Lebensmittel gelegt, sondern auch auf die energetische Qualität. Sie werden nach Geschmack, thermischer Eigenschaft, Organbezug und Wirkungsweise klassifiziert und entsprechend dem Krankheits- oder Gesundheitszustand vorbeugend oder unterstützend eingesetzt sowie jahreszeitlich, klimatologisch und konstitutionell auf jeden einzelnen abgestimmt.

Eine ausgewogene Ernährung gibt deinem Körper die notwendigen Bausteine für ein funktionskräftiges Immunsystem und stabilisiert deine Emotionen. Wenn du dich qualitativ oder quantitativ unangemessen ernährst, dann schwächst du deinen Körper. Bist du kraftlos, wirst du schneller emotional auf herausfordernde Situationen reagieren.

Schlaf und Erholung

Schlafmangel schwächt den Körper, weil ihm die Regeneration nach einem meist anstrengenden Tag fehlt. Die daraus resultierende Kraftlosigkeit macht uns anfälliger für emotional geladene Gegebenheiten. Sind wir dagegen ausgeruht, können wir den Herausforderungen des Lebens leichter begegnen.

Generell zu wenig Zeit zum Schlafen nimmt sich der übereifrige Managertyp, der sich aus dem Bedürfnis heraus etwas erreichen zu wollen, nicht genug Entspannung gönnt. Das geht natürlich auf Kosten der Gesundheit. In jedem Leben gibt es Zeiten, in denen viel passiert und ein erholsamer, ausreichender Schlaf nicht machbar ist. Wenn dies jedoch zu deinem normalen Lebensstil geworden ist, sollte dir das zu denken geben.

Wenn dich irgendetwas sehr beschäftigt, was dich nicht zur Ruhe kommen lässt, kannst du Probleme damit haben einzuschlafen oder durchzuschlafen. Wer gerade einschneidende Veränderungen erlebt oder sich Herausforderungen stellen muss, sich aber tagsüber nicht mit den Geschehnissen konstruktiv auseinandersetzt, den holen abends im Bett die dazu gehörigen Gefühle oft wieder ein. Meistens kreisen deine Gedanken um das, was du tagsüber so peinlich genau vermieden hast zu adressieren und du verbringst eine schlaflose Nacht.

Wichtig für einen guten Schlaf sind entspannende Aktivitäten, die dazu beitragen, den überaktiven Verstand zum Ruhen zu bringen. Körperliche Bewegung kann helfen den Kopf abzuschalten, ebenso wie Autogenes Training, Meditation, ein Spaziergang oder Entspannungsbad. Löse nach Möglichkeit alle aktuellen Streits, Konflikte und Probleme, bevor du ins Bett gehst.

Das meiste, um das wir uns Sorgen machen, tritt sowieso nicht ein. Also warum sollten wir uns dann ausgerechnet vor dem Schlafengehen mit diesen Gedanken beschäftigen? Werde dir der Gefühle bewusst, die du hast und fühle sie. Lege deine Hände auf den Bauch und atme tief in ihn hinein. Das fördert die Entspannung.

Körperliche Bewegung

Körperliche Bewegung bringt unsere Lebensgeister in Schwung, schüttet Glückshormone aus, fördert die Durchblutung, stärkt unsere Muskulatur, baut Stresshormone im Körper ab und verändert dadurch Gefühle. Verschiedene Sportarten passen zu bestimmten Emotionen, ein Sport der auspowert kann bei Aggression besonders hilfreich sein, weil dadurch das Stresshormon Adrenalin abgebaut wird.

Laut der chinesischen Medizin ist körperliche Bewegung sowohl für einen ausgeglichenen Qi- und Blutfluss notwendig, als auch zur Kraftentwicklung des Körpers. Bewegungsmangel verursacht Störungen im harmonischen Fließen des Qi. Körperliche Überanstrengung dagegen führt zu einem Mangel der Lebenskraft Qi.

Sportliche Betätigung kann unterschiedliche Fähigkeiten in uns hervorbringen: Kraft, Schnelligkeit, Ausdauer oder Flexibilität. Die Qualität, die wir in unserem Körper stärken, festigt auch unseren Geist und unsere Persönlichkeit. So können wir uns stärker fühlen, flexibler, schneller oder ausdauernder werden.

Qi Gong, übersetzt ‚Energie-Arbeit', ist die chinesische Kunst der Gesundheitsübungen. Die Bewegungen werden mit speziellen Atemtechniken kombiniert und haben weitreichende Wirkungen. Sie stärken den Körper, schulen die Atmung, regulieren den Fluss des Qi, helfen Bewusstsein und Klarheit zu entwickeln und aktivieren die Selbstheilungskräfte des Körpers. Das indische Yoga stimuliert den Lymphfluss und unterstützt damit das Immunsystem.

Welche Form der körperlichen Bewegung dich auch immer besonders anspricht, ist diejenige, die dich am Besten unterstützt. Oft hast du schon Strategien gefunden, die dir dabei helfen dich besser zu fühlen. Dann musst du sie nur noch häufiger und gezielter einsetzen. Probiere aus, welche Sportart dir bei welchem Gefühl gut tut.

Manchmal brauchen wir sanfte Bewegungen, um uns zu entspannen, ein anderes Mal ist kraftvoller Sport besser geeignet, um unsere Gefühle zu transformieren.

Sorge für dich

Für sich zu sorgen bedeutet, Verantwortung für die eigenen Bedürfnisse zu übernehmen. Das kann heißen, sich eine Auszeit in einem stressigen Alltag zu gönnen, ‚nein' zu Erwartungen anderer zu sagen oder sich für etwas zu entscheiden, was einem selbst gut tut. Erfülle dir deine eigenen Bedürfnisse, übernimm Verantwortung für dich. Gerade wenn es dir nicht gut geht, du erschöpft bist, du dich gestresst oder ausgelaugt fühlst, ist es wichtig, dass du dir Zeit für Entspannung nimmst.

Entscheide dich dafür etwas zu machen, was dir das Gefühl gibt, wonach du dich sehnst. Egal, ob das nun die Sehnsucht nach Nähe, Austausch, Entspannung, Kraft tanken oder nach innerem Gleichgewicht ist.

Für die Selbstreflektion

Nimm dir Zeit für einen kurzen Urlaub von deinem Alltag. Was tut dir gut? Lass ein Bad ein, leg deine Lieblingsmusik auf, zünde Kerzen an, telefoniere mit Freunden, treib Sport, tanze, koch dir etwas Gutes, geh in die Sauna, lies ein Buch, usw.

Massage

Eine Massage bietet nicht nur eine willkommene Ruhepause in einem stressigen Alltag, sondern ist auch förderlich für die Gesundheit. Die Durchblutung und der Lymphfluss werden gefördert und angesammelte Zellabfallstoffe können so ausgeschwemmt werden, die Muskeln entspannen sich. Außerdem tut Berührung gut, wir fühlen uns umsorgt und geborgen. Vielfach wird körperliche Berührung mit Gesundheit gleichgesetzt.

Rückzug

Wenn wir in intensiven, emotional überwältigenden Situationen stecken, dann kann es sinnvoll sein, uns eine Auszeit zu nehmen und uns zurückzuziehen. Sind wir allein, dann können wir die Zeit dafür verwenden mit unseren Gefühlen umzugehen, sie zu fühlen und zu verwandeln. Eine Zeit mit uns allein vermittelt uns eine andere Perspektive, wir fühlen uns selbst und unsere eigenen Bedürfnisse deutlicher und können auch entdecken, wie wir sie uns selbst erfüllen können. Du solltest deine Rückzugzeit dazu nutzen, eine von den vorgenannten Strategien anzuwenden, die dir dabei helfen Gefühle zu verändern. Wenn du dann anschließend wieder auf deinen Partner zugehst oder dich mit der problematischen Situation auseinandersetzt, bist du geklärt und kannst den Dingen ruhiger begegnen. Dadurch wird eine Basis für konstruktive Lösungen geschaffen.

Ein Gefühlstagebuch führen

Schreiben hilft Gefühle und Gedanken zu ordnen, innere Ruhe zu finden und sich auszudrücken. Wenn du einfach drauf los schreibst, gibst du dir selbst den Raum deine Gefühle auszudrücken, deine Sorgen los zu werden, und deinen Gedankenprozess zu klären. Oft werden dir während des Schreibens Dinge bewusst, die vorher, während des Gefühlschaos' nicht präsent waren.

Dadurch, dass du die Dinge, die dich beschäftigen aufschreibst, werden dir Zusammenhänge automatisch klarer und du bekommst Antworten, die dir nicht bewusst waren, während du in deinem Gefühlsschlamassel gesteckt hast. Schreiben gibt dir den notwendigen emotionalen Abstand deine Gefühle auf effektive Art und Weise auszusprechen, ohne anderen Menschen Schuld zuzuweisen, Vorwürfe zu machen oder Forderungen zu stellen. Schreiben trägt zur Selbstfindung bei, bringt Ruhe und entlastet deinen Kopf. Das, was du so ausgedrückt hast, brauchst du nicht mehr mit dir herumzutragen.

Natur

In schamanischen Traditionen wird der Zugang zur Natur in Konfliktzeiten oft bewusst gesucht. Schamanen glauben daran, dass alle Steine, Pflanzen und Tiere beseelt sind und besondere Eigenschaften und Qualitäten besitzen. Diese Naturgeister können um Hilfe gebeten werden. Das kann einfach in Form eines aufmerksamen Gedankens und Wunsches geschehen oder in einem Ritual. Die nordamerikanischen Indianer kennen das Ritual der Visionssuche, bei dem ein Junge, der an der Schwelle zum Erwachsensein steht, sich vier Tage lang allein in die Natur begibt und seine Vision vom Leben sucht. Wenn er zurückkommt, wird er als vollwertiges Mitglied seines Stammes betrachtet und als Erwachsener adressiert.

Eine Visionssuche kann aber auch dann unternommen werden, wenn ein wichtiges Problem gelöst werden muss. Die Zeit in der Natur bringt Klarheit und Lösungen. Überhaupt weist der Schamanismus viele Parallelen zur Psychotherapie auf. Rituale bringen uns in Kontakt mit uns selbst, lassen uns inneren Frieden finden. Ob dies nun tatsächlich mit Hilfe von Naturgeistern geschieht oder ob es vielmehr die Zeit der Stille und des Beobachtens ist, was Klärung bringt, das zu entscheiden bleibt jedem selbst überlassen.

Für die Selbstreflektion

Gehe hinaus in die Natur. Das kann im Rahmen eines Spazierganges am Strand, im Wald oder in den Bergen sein. Nimm dir die Zeit an einem Fluss sitzen, den Wasserlauf und die Tiere zu beobachten. Natur bringt uns Ruhe und lässt uns den stressigen Alltag vergessen.

Meditation - ein Weg zum aufmerksamen Fühlen

Meditation erlöst den Verstand von seinem normalen Zustand des ständigen Nachdenkens und erlaubt ihm – wenn auch nur für eine kurze Zeit – einfach nur zu existieren. Das heißt einen kurzen Moment des Bewusstseins und der inneren Stille zu erfahren, frei von Gedanken, Gefühlen, Ambitionen, Wünschen und Ängsten zu sein. Anschließend, wenn der Verstand in sein Alltagsbewusstsein zurückkehrt, hat er einen neuen Raum erfahren, in dem er sich bewegen kann.

Das Gehirn scheint die Zeit der Stille dafür zu nutzen, den Verstand von seinen Konditionierungen zu befreien, so dass Platz für neue Gedankenstrukturen und Inspirationen entsteht. Meditation dient somit nicht zur göttlichen Erfahrung, sondern der Reinigung und Stabilisierung des Unterbewusstseins. Sie lässt deinen Verstand funktionsfähiger werden. Die Befreiung von dem alltäglichen ‚Hintergrundgeräusch', was letzten Endes Bewusstwerdung ist, lässt viel Zeit und Raum für Freude in deinem Leben entstehen und die Lebenskraft fließen. Die in vielen spirituellen Traditionen erwähnte Erleuchtung ist nichts anderes als vollständige Präsenz.

Einem erleuchteten Menschen ist es gelungen, sein Bewusstsein über den alltäglichen Gedankenmüll zu erheben und ohne zu urteilen alle Menschen zu akzeptieren und zu lieben. Negativität kann unter diesen Umständen nicht überleben.

Der erste Schritt zu Bewusstsein ist, deine Aufmerksamkeit auf deinen Körper zu richten. Je mehr Beachtung du ihm gibst, desto klarer werden deine Gefühle. Dann nimm die Geräusche, Gerüche, Bewegungen um dich herum bewusst wahr. Inmitten aller äußeren Turbulenzen wirst du auch Stille entdecken. Die Wahrnehmung äußerer Ruhe schafft innere Ruhe. Der Verstand wird still. Dabei handelt es sich um einen kontinuierlichen Prozess, der sich bewegt und verändert. Du wirst merken, dass du trotzdem noch Gedanken und Gefühle hast. Das ist die Natur deines Verstandes.

Meditation soll dich nicht dazu bringen sie abzustellen, sondern dich vielmehr von der Identifikation mit ihnen lösen. Das heißt du lernst, deine Gedanken und Gefühlen zu bezeugen und den Drang abzulegen, auf sie zu reagieren. Je mehr du diesen Zustand übst, desto länger bist du in der Lage in der Zeugenposition zu bleiben.

Alle Eindrücke und Wahrnehmungen, die deine Aufmerksamkeit von der Präsenz, dem Hier und Jetzt, ablenken, werden als Widerstand bezeichnet. Körperliche Widerstände sind Schmerz, Druck, Anspannung, Juckreiz oder Drang sich zu bewegen. Emotionale Widerstände können Gefühle wie Ungeduld, Langeweile, Traurigkeit und Wut sein. Gedankliche Widerstände äußern sich in Form von Urteilen, Unzufriedenheit und Projektionen in die Vergangenheit oder Zukunft. Beide Aspekte unseres Geistes sind gewöhnlich im Widerstandmodus.

Für die Selbstreflektion

Während einer Achtsamkeitsmeditation kannst du üben nicht auf diese Widerstände zu reagieren. Sei dabei einfach aufmerksam für alle deine unterschiedlichen Empfindungen, lasse sie zu, beobachte sie. Bleibe dabei bewegungslos. Gib allen deinen Empfindungen, Gefühle und Gedanken die gleiche Aufmerksamkeit. Verhafte ihnen nicht, sondern lasse diese Eindrücke an dir vorbei ziehen. Fühle, welchen Teil deines

Körpers du stärker wahrnimmst und welche Anteile keine Beachtung finden. Lass die Schwerkraft auf deinen Körper wirken. Beobachte, was sich verändert, wenn du deine Aufmerksamkeit durch deinen Körper reisen lässt. Versuche nicht, bewusst etwas an den Spannungen, Schmerzen, Gedanken oder Gefühlen zu verändern, sondern schenke ihnen einfach nur Beachtung. Du wirst überrascht sein, dass sich unangenehme Empfindungen von ganz allein verändern, ohne dass du etwas dafür machen musst. Aufmerksamkeit erlaubt die Transformation von den Widerständen und damit Heilung. Durch das Fühlen lösen sie sich oft auf.

Du kannst diese Achtsamkeitsmeditation für dich selbst tun, um inneren Frieden zu erfahren, oder für andere, dann kannst du Heilung bewirken. Die Intention, mit der du die Achtsamkeitsmeditation ausführst, ist wichtig. Von ihr hängt das Ergebnis ab. Wenn du eine klare Absicht hast, spürst du die Widerstände, die sich dagegen in dir regen.

Wenn du die Widerstände da sein lässt, ihnen Raum gibst, dann bringt dich das deiner Absicht näher. Das gleiche gilt für Intentionen, die du für andere hast, wie beispielsweise die Heilung einer Krankheit, einer Beziehung oder eines Gefühlzustandes.

Wenn du die Erfahrung der Achtsamkeit, des Beobachtens, Fühlens und Wahrnehmens auf den Alltag überträgst, wirst du ähnliche Erfahrungen machen. Du wirst feststellen, dass, wenn du eine klare Absicht in einer negativen Situation hast, sich die Negativität durch liebevolle Präsenz verflüchtigt. Wenn du die Widerstände in der Situation aufgegeben hast und nicht dagegen ankämpfst, dann sind negative Geschehnisse auch nicht anstrengend. Und sie können sich sehr viel schneller verändern, da du deine Energie nicht mehr in die

Ablehnung steckst. Experimentiere mit diesen Erfahrungen und beobachte, welche Ergebnisse du bekommst.

Atmung

Ohne Atmung können wir nicht überleben. Atmung gibt unserem Körper den lebensnotwendigen Sauerstoff, den er zur Entsorgung von Zellabfallstoffen benötigt. Aus Sicht der traditionellen chinesischen Medizin führt Atmung dem Körper die Lebenskraft Qi zu und stärkt damit das Meridiansystem. In der indischen Philosophie wird das Qi Prana genannt und die Kunst des bewussten Atmens Pranayama.

Insgesamt schenken wir unserer Atmung viel zu wenig Aufmerksamkeit. Die meisten von uns atmen zu flach und zu schnell. Ein flacher Atem hält Gefühle im Zaum, führt aber auch zu Müdigkeit und Energielosigkeit und Erschöpfung durch Sauerstoffmangel. Zellgifte werden nicht mehr ausreichend abgebaut.

Eine bewusste Atmung transformiert Gefühle und Gedanken und führt dem Körper Lebensenergie zu. Sanfte und tiefe Atmung in den Bauch baut Spannungen ab und wirkt beruhigend auf das Nervensystem (z.B. bei Nervosität). Laut chinesischer und indischer Philosophie vermag die Atmung Blockaden in unserem Energiesystem zu lösen und unser Bewusstsein auf eine höhere Ebene zu bringen. Viele Meditationsformen benutzen verschiedene Atemtechniken bzw. bewusstes Atmen zu diesem Zweck.

Emotionen durch Atmung verwandeln

Menschen, die noch keinen anderen Weg gefunden haben mit ihren Gefühlen umzugehen, ziehen sich in den Kopf zurück, um ihre Probleme zu analysieren. Gefühle werden dabei vom Verstand verarbeitet und nicht gefühlt. Auf diese Weise gibst du deinen Problemen mehr Aufmerksamkeit, Nahrung und Energie. Analyse ‚hilft', auf das Problem zu fokussieren. Deine Gefühle verstärken sich, aber eine Auflösung gibt es nicht.

Gefühle wollen gefühlt werden, eine Analyse verhindert dies jedoch. Habe den Mut deine schlechten Gefühle auszuhalten und sie zu fühlen. Atmung kann dir helfen unangenehme Empfindungen zu verändern. Atme mit dieser Empfindung und verändere deine Interpretation der Situation. Auf diese Weise kannst du das Gefühl umwandeln. Wenn die Erfahrung sehr intensiv ist und du in regelrechte Panik verfallen bist, benötigst du vielleicht Hilfe von jemandem um dich daraus zu befreien.

Für die Selbstreflektion

- ☯ Stopp! Halte an und nimm dir die Zeit für deine Gefühle.
- ☯ Sei dir bewusst, dass auch diese unangenehmen Empfindungen wieder vorübergehen.
- ☯ Setze oder lege dich hin. Schließe die Augen und suche, wo genau in deinem Körper die Emotion sitzt. Dann lege deine Hände auf diese Stelle und atme

ganz tief in deinen Bauch hinein. Du wirst sehen, dass die Gefühle erst hochkommen, intensiver werden und dann verschwinden. Atme immer weiter und fühle.

- ☯ Schau dir an, welche Erinnerungen und Bilder an dir vorüber ziehen. Meist weisen deine Gefühle dich auf alten Schmerz hin. Lass ihn los und entscheide dich dafür, den Schmerz in der Vergangenheit sein zu lassen.

Ressourcen der Medizin und Heilkunde

Heilkräuter

Heilpflanzen haben eine therapeutische Wirkung, viele schulmedizinische Medikamente haben sich auf ihrer Basis entwickelt. Manche Heilpflanzen, wie z.B. Johanniskraut, wirken auf die Psyche und können uns unterstützen und stabilisieren, wenn wir Schwierigkeiten mit schmerzhaften Emotionen haben. Laut traditioneller chinesischer Medizin führen Heilpflanzen dem Körper die Lebenskraft Qi zu, lösen Blockaden auf, stärken schwache Bereiche und stellen auf diese Weise das Gleichgewicht wieder her.

Welche Heilkräuter bei deinem individuellen Problem hilfreich sein können, kannst du mit Hilfe eines Arztes, Heilpraktikers oder Apothekers herausfinden. Auch homöopathischen Mitteln und Bachblüten wird eine gute Wirkung bei Emotionen zugeschrieben.

Psychotherapie

Psychotherapie hilft Konflikte und Traumata zu verarbeiten, schmerzhafte Situationen aufzuarbeiten und Muster hinter sich wiederholenden Situationen zu erkennen. Dadurch wird Klarheit gewonnen. Psychotherapie kann hilfreiche Unterstützung in Krisensituationen geben. Mit Hilfe einer begleitenden Therapie können Krisen schneller überwunden und als weniger traumatisch erlebt werden.

Schulmedizinische Medikamente

In Situationen, in denen du etwas erlebt hast, was dir großen Schmerz bereitet, brauchst du eventuell besondere Unterstützung, um erst einmal wieder mit dem Leben klar zu kommen. Unter solchen Umständen kann es hilfreich sein, dir vom Arzt Medikamente verschreiben zu lassen, die dir helfen mit dem schlimmsten Schmerz umzugehen. Das können Mittel wie Schlaftabletten oder Antidepressiva sein. Dies ist sicherlich nur eine kurzfristige Lösung, die Unterstützung für die schwierigste Phase bietet, dir Stabilität und Zeit gibt das Problem zu verarbeiten. Zusätzlich solltest du nach Wegen suchen, die dich innerlich stärken. Sinnvoll ist sicherlich eine Kombination mit Psychotherapie oder anderer qualifizierter Hilfe, um die Situation zu klären und dich auszusprechen.

Energetische Heilmethoden im Licht einer ganzheitlichen Medizin

Energetische Heilmethoden lassen sich gut mit Hilfe der Vorstellungen der chinesischen Medizin erklären. Laut ihrer philosophischen Grundlagen ziehen Energiebahnen (Meridiane) durch den Körper, die ähnlich wie die Blutgefäße, alle Organe und Gliedmaßen miteinander verbinden. In dem Meridiansystem fließt die Kraft Qi und versorgt so den gesamten Organismus. Jede Behinderung seines harmonischen Fließens im Energiekreislauf bedeutet eine Störung der Lebensvorgänge und es entsteht Krankheit. Der Qi-Fluss wird durch Ernährung, Emotionen, Klimafaktoren und körperliche Bewegung beeinflusst.

Bei Unausgeglichenheit in einem oder mehreren Lebensbereichen wird der Fluss des Qi beeinträchtigt und es entstehen Blockaden. Das ist vergleichbar mit einem Flussbett, in dem Steine liegen. Vor den Steinen staut sich das Wasser und dahinter ist relativ wenig vorhanden. Um den Stau aufzulösen muss das Hindernis beseitigt werden. Ist das Flussbett dagegen ausgetrocknet, wie in den Meridianen bei einem Qi-Mangel, ist der kontinuierliche Strom an einigen Stellen unterbrochen, an anderen wiederum befinden sich Pfützen. Erst wenn sich der Fluss mit Wasser füllt kann sich der Strom wieder ausgleichen.

Das Qi kann mit verschiedenen Methoden wieder aufgefüllt werden, so dass ein Mangel ausgeglichen werden kann. Es ist auch möglich vorhandene Blockaden zu beseitigen. Heilkräuter, Gewürze und passende Nahrungsmittel führen dem Körper Kraft zu und füllen das Meridiansystem. Dagegen sind Akupunktur und Akupressur vor allem dazu geeignet vorhandene Blockaden aufzulösen.

Energetische Heilmethoden wie Reiki, Handauflegen oder Sat Nam Rasayan (indische Heilmethode) können sowohl Blockaden des Qi-Flusses beseitigen, als auch den Meridianen Qi zuführen. Dadurch wird das innere Gleichgewicht gefördert, das Energieniveau angehoben und das Bewusstsein geöffnet. Während einer Heilbehandlung kommt es in der Regel zu einer tiefen Entspannung, die Emotionen beruhigt und transformiert. Dadurch können alte Verletzungen geheilt werden, Glaubensgrundsätze sich verändern und die Liebe wieder frei fließen.

Leider lässt sich die Wirkung der Geistheilung derzeit noch nicht auf befriedigende Weise naturwissenschaftlich erklären, jedoch gibt es zahlreiche glaubhafte Fallberichte und Studien, die einen positiven Effekt belegen.

Danksagung

Vielen Dank an Andrea Sauer für ihre moralische Unterstützung und dafür, dass sie die Erstform des Manuskripts mehrfach gelesen und kommentiert hat, an Heike Wippermann von Mix-Pix-Sell für ihre unermüdliche Begeisterung mich fotografisch zu unterstützen, an Svenja König für ihre Bereitwilligkeit sich der Korrektur anzunehmen, an Astrid Behrendt vom Drachenmond-Verlag für die liebevolle Ermutigung, kompetente Beratung und das Lay-Out und an Olaf Tesmer für das Coverdesign. Meine Dankbarkeit geht auch an Sven Butz, der mir bewiesen hat, dass unangenehme Gefühle wunderbar mit Hilfe von Kundalini-Yoga-Meditationen und Sat Nam Rasayan überwunden werden können. Durch ihn habe ich viel gelernt.

Ich bin sehr berührt und dankbar für all die zahlreichen Kommentare, das Feedback und die Begeisterung aus meinem Freundes- und Bekanntenkreis, der hier namentlich unerwähnt bleibt. Bitte fühlt euch stattdessen umarmt.

LEBENSINNOVATION.DE